AF258760

ÉTUDE

SUR

LA SÉRIE DES ROIS

INSCRITS

A LA SALLE DES ANCÊTRES DE THOUTHMÈS III

PAR

M. E. DE SAULCY

CHEVALIER DE LA LÉGION D'HONNEUR, ANCIEN OFFICIER DE LA MARINE MILITAIRE
ANCIEN ÉLÈVE DE L'ÉCOLE POLYTECHNIQUE
MEMBRE DE L'ACADÉMIE IMPÉRIALE DE METZ, MEMBRE DE LA SOCIÉTÉ D'HISTOIRE NATURELLE
DE LA MOSELLE ET DE PLUSIEURS AUTRES SOCIÉTÉS SAVANTES

METZ

F. BLANC, IMPRIMEUR DE L'ACADÉMIE IMPÉRIALE

1863.

ÉTUDE

SUR

UNE SÉRIE DE ROIS ÉGYPTIENS

(Extrait des Mémoires de l'Académie impériale de Metz, année 1863-64)

ÉTUDE

SUR

LA SÉRIE DES ROIS

INSCRITS

DES ANCÊTRES DE THOUTHMÈS III

PAR

M. E. DE SAULCY

CHEVALIER DE LA LÉGION D'HONNEUR, ANCIEN OFFICIER DE LA MARINE MILITAIRE
ANCIEN ÉLÈVE DE L'ÉCOLE POLYTECHNIQUE
MEMBRE DE L'ACADÉMIE IMPÉRIALE DE METZ, MEMBRE DE LA SOCIÉTÉ D'HISTOIRE NATURELLE
DE LA MOSELLE ET DE PLUSIEURS AUTRES SOCIÉTÉS SAVANTES

METZ

F. BLANC, IMPRIMEUR DE L'ACADÉMIE IMPÉRIALE

1863

ÉTUDE

SUR

LA SÉRIE DES ROIS

INSCRITS

A LA SALLE DES ANCÊTRES DE THOUTHMÈS III.

Parmi les nombreux monuments qui sont venus jusqu'à nous pour témoigner de la puissance des Pharaons de la XVIIIe dynastie, il en est un qui a tout particulièrement excité l'attention des archéologues, et singulièrement éprouvé leur sagacité quand ils ont essayé de s'en servir pour la reconstruction des dynasties de Manéthon ; c'est la chambre des ancêtres du palais de Karnac.

Ce sanctuaire consacré par la piété de Thouthmès III au culte des aïeux, représentait aux jours de sa splendeur, les images et les noms de soixante et un monarques, tous antérieurs à la XVIIIe dynastie. Aujourd'hui que le temps a fait de ce tableau généalogique une ruine, où beaucoup de noms sont effacés, et où quelques autres ne présentent que des vestiges qui permettent à peine de les deviner, il est souvent bien difficile de dire à quelles familles appartiennent certains cartouches parmi ceux qui ont échappé à la destruction.

On serait peut-être tenté de croire que la tâche est devenue moins ardue, depuis que M. Lepsius a fixé l'ensemble de la XIIᵉ dynastie, et que M. de Rougé a désigné avec toute certitude, certains noms qui appartiennent à la XIᵉ, de même qu'il a précisé ceux qui doivent faire partie de la XIIIᵉ. Mais si l'on veut bien considérer que la disposition des noms ne paraît pas suivre, à la salle des ancêtres, un ordre régulier; que des renversements, au contraire, y sont manifestes; que des souverains d'une dynastie semblent comme fourvoyés dans une autre; qu'à la quatrième ligne du côté gauche, par exemple, le prédécesseur d'Ahmosis se trouve placé côte à côte avec le chef de la XIIᵉ dynastie de Manéthon, on ne sera pas étonné que des savants éminents aient considéré la chambre de Karnac comme un monument où l'art avait présidé plus que la logique, et qu'ils aient admis que les prédécesseurs de Touthmès y avaient été rangés au gré du caprice, sans le moindre souci de l'ordre chronologique.

Il a été possible de constater des discordances comme celles que nous venons d'indiquer, pour le côté gauche du monument, parce que d'autres monuments d'une autorité inattaquable ont permis d'établir des suites de règnes et des successions de famille où il n'y a point à toucher; mais pour le côté droit, rien encore n'a pu servir de contrôle pour juger si l'ordre des rois qu'il rappelle y est naturel ou interverti.

La défiance légitime que fait naître naturellement dans l'esprit, l'espèce de confusion qui paraît inhérente à ce précieux monument, n'a pas permis d'en tirer, pour l'éclaircissement des dynasties, tout ce qu'il semblait qu'on fût en droit d'en attendre. Nous pensons, néanmoins, qu'il est difficile de supposer qu'une construction aussi importante que celle du palais de Karnac, n'ait pas été, dans chacun de ses détails, l'objet d'une surveillance sérieuse et que tout particulièrement la chambre qui devait être comme un sanctuaire consacré au souvenir des aïeux n'ait pas été celui d'une attention plus sévère encore, s'il est possible.

Il faut donc admettre, de deux choses l'une, ou que le monument a été décoré avec une ignorance historique et une incurie inconcevables, ou que la salle des ancêtres a dû reproduire dans l'arrangement de ses noms royaux le résultat d'une combinaison réfléchie, ayant parfaitement sa raison d'être.

La première de ces deux hypothèses nous paraît inadmissible par la raison que les constructions de l'empire étaient du ressort des architectes qui en avaient la direction dans des provinces entières, voire même dans tout le pays, et que les fonctions d'architecte n'étaient confiées qu'à des familles considérables où elles se transmettaient de génération en génération [1]. Et d'ailleurs tout ce qui nous est parvenu des Égyptiens porte l'empreinte d'un cachet de gravité telle, qu'il n'est pas possible de s'arrêter à l'idée d'un caprice d'artiste

[1] M. T. Devéria, dans un très-intéressant travail inséré dans le premier volume des Mémoires de l'Institut égyptien, nous montre, p. 27, 28 et 29, une liste généalogique de vingt-trois de ces architectes chargés des constructions de l'Empire. Le plus ancien Ra hotep newer, qui était en même temps prophète d'Amon Ra, exerçait son ministère sous le règne de Séti I, père de Ramsès le Grand, plus de quatorze siècles avant notre ère ; le onzième mourut vers l'an 21 de S'as'anq I, et le dernier Ra num het, né sous le règne d'Amasis, l'avant-dernier roi de la XXVIe dynastie, est mort dans la 30e année de Darius, successeur de Cambyse, c'est-à-dire vers l'an 411 avant J. C. Nous sommes ainsi en présence d'une famille où les fonctions d'architecte ont été héréditaires pendant vingt-trois générations successives, durant une période de près de mille ans, et rien ne prouve qu'elles n'y soient point demeurées encore après la mort de Ra num het.

qu'on pourrait presque appeler un dévergondage d'esprit.

Reste alors la seconde hypothèse; et elle nous amène forcément à cette conclusion que nous devons trouver à la salle des ancêtres un arrangement systématique des rois auxquels Thouthmès adressait ses hommages et des offrandes. Si donc nous rencontrons dans la disposition sériale des souverains, une sorte de confusion qui nous choque, nous devrons penser qu'elle est apparente plus que réelle, et qu'elle ne semble exister que parce que nous n'avons pas pénétré la pensée qui a dirigé l'artiste dans la distribution de son tableau.

Nous ne voudrions pas, très-certainement, devenir dupe d'une erreur et nous laisser entraîner à poursuivre une chimère par le désir trop vif de toucher ce que nous croyons la vérité ; néanmoins nous pensons qu'on peut saisir le fil qui doit guider dans l'agencement des groupes de souverains qui ont précédé Thouthmès, et nous croyons que ce qui a empêché d'y arriver tout d'abord, c'est une erreur dissipée, depuis longtemps sans doute, pour les égyptologues sérieux, mais qui n'en a pas moins existé, à savoir que les rois d'Égypte n'avaient jamais dû porter le nom d'intronisation d'aucun de leurs prédécesseurs. Il est certain, au contraire, que la répétition d'un même prénom royal était chose fréquente, et rien n'est plus facile que d'en fournir la preuve.

On avait remarqué déjà que quelques rois des derniers temps de la monarchie s'étaient donné des prénoms portés jadis par d'anciens Pharaons. Ainsi Nectanébo de la XXXᵉ dynastie avait pris pour nom

d'intronisation (⊙ 🪲 𓎡𓊽) RA KHePeR KA , prénom

royal de Usertasen Iᵉʳ de la XIIᵉ. De même l'éthiopien

S'abaka de la **XXV**e, avait adopté pour son nom d'avé-

nement [cartouche] RA NeWeR KA, porté jadis par

un souverain de la **VI**e dynastie, et aussi par quelques rois dont les cartouches sont inscrits à la première ligne de la table d'Abydos.

On ne s'était pas autrement préoccupé d'un fait qui semblait exceptionnel, et il paraissait établi que le nom d'intronisation [1] devait suffire à lui seul pour différencier

---

[1] On appelle prénom royal, nom d'intronisation ou nom officiel, celui que chaque souverain prenait à son avénement au trône. Il était

censé donné par une divinité et s'appelait [signes]

RaN UeR, nom principal (Champollion, *Gram.*, p. 404.), ou bien

encore [signes] NeKHeB (M. de Rougé, *Étude sur une*

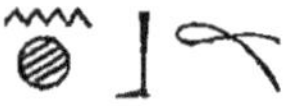

stèle égyptienne, p. 52.). C'est celui qui figure dans un cartouche

accompagné du titre [signes] SUTeN KHeB, roi de la haute et de

la basse Égypte, ou bien [signes] NeB TaTi, seigneur des deux

contrées, et quelquefois [signes], NeTeR NeWeR, Dieu bon ou

Dieu gracieux.

Nous prévenons, une fois pour toutes, que dans les transcriptions des mots et des noms égyptiens nous rendrons par des capitales les signes hiéroglyphiques exprimés dans l'orthographe pleine des textes, et par des lettres ordinaires du petit caractère les voyelles qui étaient vagues de leur nature et ne s'écrivaient pas, le plus souvent. De même, pour nous conformer à l'usage généralement adopté par les égyptologues, et dans le but de simplifier l'écriture, nous rendrons le son *ou* par la lettre U; l'articulation *ch* des mots français *champ, chemin*, par S'; le giangia copte [signe] qui équivaut à dj, ds, sj, tj, ts par Z', et enfin le *ch* dur qui correspond au χ des Grecs ou au j des Espagnols par KH.

deux monarques, eussent-ils porté d'ailleurs le même nom de famille, comme on en voit de fréquents exemples dans les XIe, XIIe, XIIIe, XVIIIe, XXe, XXIIe et XXVIe dynasties.

Cependant, bien d'autres rois, indépendamment de Nectanébo et de Chabaka, ont pris pour nom d'intronisation un prénom ayant appartenu à quelqu'un de leurs devanciers. Nous allons en citer des exemples, pour qu'il soit bien constaté que le nom d'avénement essentiel, sans contredit, pour désigner un roi et le faire reconnaître dans la plupart des cas, ne suffit pas néanmoins à lui seul pour établir son identité, puisqu'il peut avoir appartenu à deux et quelquefois à un plus grand nombre de souverains.

En effet,

 RA USeR MA SeTeP eN AMeN

a été le nom d'intronisation de quatre rois : il a été porté d'abord par Rameses IV de la XXe dynastie et ensuite par Osarkan II, par S'as'ank III et par Pimaï, tous les trois de la XXIIe.

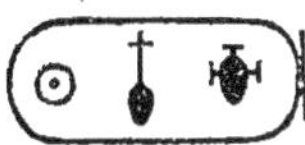 RA NeWeR HeT

a été celui de deux souverains : Psametik II de la XXVIe, et un roi inscrit dans le canon de Turin, antérieur très-certainement à la dix-huitième [1].

 RA MeN KHePeR

a appartenu à deux rois : à Thouthmès III de la XVIIIe et à Piankhi, prince éthiopien, à l'époque des troubles entre la XXVe et la XXVIe dynastie [2].

---

[1] *Histoire d'Égypte*, par M. Brugsch, pl. IX, n° 180.

[2] Piankhi épousa la princesse MuT S'A NeWeRU AMeNiRiTiS,

Ce même prénom RA MeN K̄HePeR a été porté, mais comme nom de famille, par un grand prêtre d'Ammon, usurpateur de l'autorité royale à Thèbes, entre les XXe et XXIIe dynasties, peut-être pendant que la XXIe régnait à Tanis [1]?

 RA AA K̄HePeR, avec ou sans la ligne brisée ᚾᚾᚾ N après le scarabé, a été le prénom officiel de deux souverains.

 Avec la ligne brisée il a appartenu à Thouthmès II de la XVIIIe dynastie, et sans la ligne brisée il a été porté par S'as'ank IV de la XXIIe.

Nous disons que ces deux noms sont identiques et que la ligne brisée, en plus ou en moins, ne saurait y faire la moindre différence. Nous trouvons la preuve de cette assertion dans le nom d'intronisation de Usertasen Ier, deuxième roi de la XIIe dynastie. En effet, les monuments donnent indifféremment, pour ce prince, les quatre va-

héritière du sang des grands prêtres d'Ammon, et il en eut deux filles et un fils. L'une de ses filles, *la divine étoile*, S'AP eN AP, devint la femme de Psametik Ier qui voulut, sans doute, légitimer sa royauté et rattacher à son pouvoir l'affection des Égyptiens en faisant monter sur le trône, avec lui, la fille des grands prêtres qui avaient usurpé eux-mêmes la souveraineté au préjudice des Rameses de la XXe dynastie, environ quatre siècles auparavant. (Voir la notice historique de M. de Rougé sur quelques textes hiéroglyphiques publiés par M. Greene, extrait de l'*Athenœum français*, 1855, tirage à part, p. 49.)

[1] RA MeN K̄HePeR, grand prêtre d'Ammon, usurpateur de tous les attributs de la royauté, épousa la princesse ISI eN K̄HeB, héritière de la famille royale des Ramses, très-probablement après un massacre de tous les héritiers mâles. (M. de Rougé, *Étude sur une stèle égyptienne*, p. 184, 200 et 201.)

riantes ci-après de son cartouche prénom [1],

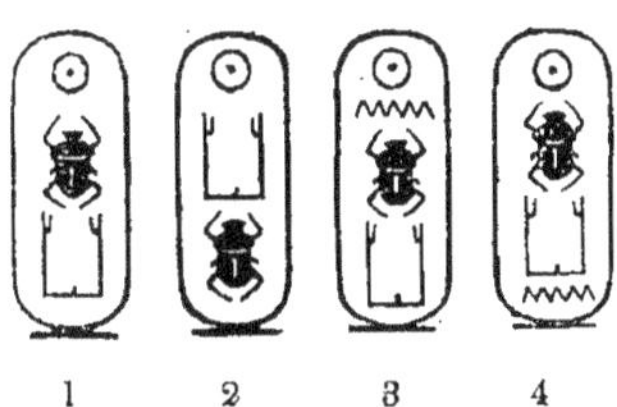

1   2   3   4

et jamais ces quatre variantes n'ont été contestées pour avoir appartenu à un seul et même roi dont le prénom n'a pu avoir, très-certainement, qu'une seule et même prononciation.

 RA USeR MA SeTeP eN RA a été le nom d'intronisation de deux souverains qui, de plus, avaient

également le même nom de famille

MeRi AMeN RAMeSeS, il a été porté d'abord par Rameses II de la XIXe dynastie et ensuite par Ramses XII [2] de la XXe.

---

[1] N° 1. Obélisque d'Héliopolis et chambre des ancêtres.

N° 2. Stèle C. 1, musée du Louvre.

N° 3.) N° 4.} M. Lepsius Königsbuck, pl. XII, n° 177, c. e.

[2] La belle stèle donnée par M. Prisse d'Avesne à la bibliothèque impériale, stèle qui a fait l'objet d'un mémoire de M. Birch, qui l'a traduite le premier, et d'un travail non moins remarquable de M. de Rougé, inséré dans le Journal asiatique des années 1856-57 et 58, nous donne à elle seule quatre variantes du prénom officiel de Rameses XII, que l'on y trouve écrit :

  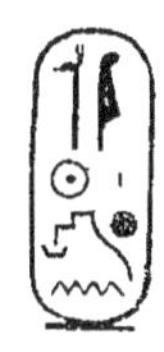 

Registre supérieur. 1re ligne.   18e ligne.   28e ligne.   Il est

Il est vrai de dire que pour Rameses XII, les signes ne sont pas rangés exactement comme dans le cartouche de Rameses le Grand ; il est très-possible, même, qu'ils indiquent la véritable prononciation du nom, qui serait USeR MA RA au lieu de RA USeR MA. Quoi qu'il en soit, nous faisons ici la même observation que pour le nom d'intronisation précédent, et nous disons que l'interversion des signes ne peut affecter l'identité du prénom.

 RA HaZ'eS K̄HePeR SeTeP eN RA, a été le prénom officiel des deux rois S'as'ank Ier et Takelot II de la XXIIe dynastie.

 RA S'A KAU a été porté comme nom d'avénement par deux souverains : d'abord par Usertasen III, le roi divinisé de la XIIe dynastie, et ensuite par Newer hotep II de la XIIIe.

Il est évident que ces quatre variantes ne pouvaient avoir qu'une seule lecture et une seule prononciation.

Malgré l'identité du nom comme du prénom pour Ramses II et Ramses XII, il n'est pas possible de confondre ces deux Pharaons ; car, d'une part, leurs titres d'enseigne étaient différents, et de l'autre, M. Mariette a rapporté les stèles de cinq Apis morts pendant le règne de Ramses XII, de même que celles de cinq Apis descendus dans les cryptes du Sérapéum pendant la seconde moitié du règne de Ramses II. Ce savant égyptologue a fait ressortir l'éloignement des caveaux qui ont servi de sépulture aux Apis manifestés sous ces deux rois, et il a montré que l'intervalle qui les sépare se trouvait rempli par d'autres salles sépulcrales de taureaux divins morts sous trois au moins, et plus probablement encore sous quatre rois intermédiaires. (*Athenœum français*, 1855, bulletin d'octobre.) Pour les quatre variantes, voir la planche qui accompagne l'*Étude sur une stèle égyptienne*, par M. de Rougé.

USeR ' eN RA qu'on trouve à la quatrième ligne, du côté gauche de la salle des ancêtres, a été, comme nous le verrons un peu plus loin, l'un des deux noms du roi AN, représenté, lui aussi, à la première ligne du même monument.

La première ligne de la table d'Abydos et la quatrième du tableau de gauche de la chambre des ancêtres, présentent l'une et l'autre le cartouche  RA SNeWeR KA qui a appartenu, sans aucun doute, à deux rois qu'on ne saurait identifier en un seul personnage, car celui d'Abydos est antérieur à la XIIe dynastie, tandis que celui de Karnac lui est postérieur. De plus, cette même salle des ancêtres nous montre dans sa partie droite, à la deuxième et à la quatrième ligne, deux cartouches à demi-effacés, commençant par les mêmes signes  et suivis d'un espace fruste, mais très-suffisant pour avoir reçu le signe  , si bien qu'il y a tout lieu de croire que le

' Le mot USeR, puissant, dominant, seigneur, peut s'écrire indifféremment 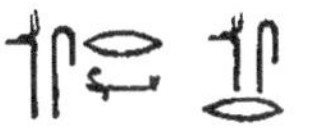 et même tout simplement  d'où il résulte que les quatre cartouches représentés ici, sans être iden- tiques pour la forme, le sont du moins quant au nom exprimé.

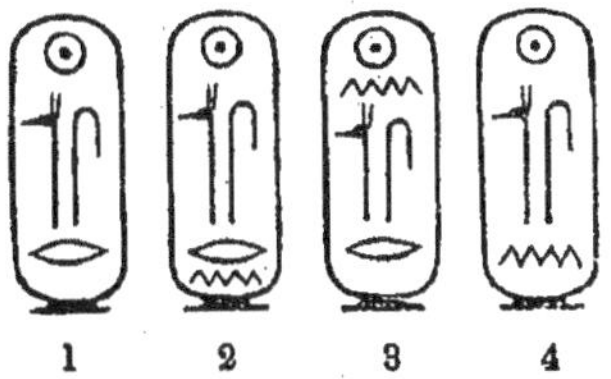

1   2   3   4

Le n° 1 est de la pyramide d'Abouzir; le n° 2 de la statue votive de M. Bunsen; le n° 3 des inscriptions du Sinaï, et le n° 4 de la chambre des ancêtres.

prénom RA SNeWeR KA a été porté encore par deux
autres souverains, compris entre la XIIe et la XVIIe dynastie,
et qu'il a été commun à quatre rois différents.

Enfin, le papyrus de Turin combiné avec la troisième
ligne du côté gauche de la salle des ancêtres, prouve que

 RA SHoTeP HET a été le nom d'intronisation

de trois souverains différents : d'abord de Amen em ha Ier,
de la XIIe dynastie, et ensuite des quatrième et huitième
rois inscrits sur le fragment nº 72 du papyrus de Turin,
fragment qui appartient à la XIIIe dynastie.

Tous ces exemples prouvent, surabondamment, qu'avant
comme après la domination des HYKSOS, dans le premier empire aussi bien que dans le second, les Pharaons
n'ont pas craint d'emprunter leur nom d'intronisation
à des rois qui les avaient précédés.

Maintenant qu'il nous semble bien établi que la similitude des prénoms, pour des rois différents, n'a rien
d'insolite, si nous venons à rencontrer dans l'examen du
monument de Karnac, des noms officiels ayant l'air d'être
comme fourvoyés d'une dynastie dans une autre, nous
serons en droit de ne pas nous laisser arrêter par une
apparente anomalie, et nous ne craindrons pas de tirer
de la disposition même des cartouches, des conclusions
naturelles et légitimes.

Dans notre opinion, la pensée qui a présidé à la
distribution en série, des cartouches royaux à la salle
des ancêtres, est tout entière dans la nécessité imposée à
l'artiste, de partager les souverains dont il fallait conserver la mémoire en deux groupes distincts, dont l'un,
celui de droite, devait s'intercaler chronologiquement
entre deux points déterminés de celui de gauche. La
principale difficulté, pour le classement, consistait donc

à trouver tout d'abord le point de sortie du tableau de
gauche pour passer à celui de droite et ensuite à déterminer le nouveau point de raccordement de ce second
tableau avec le premier.

Évidemment il n'était pas possible de deviner, à priori,
une interversion pareille dans l'ordre des groupes d'une
série généalogique qu'on devait naturellement supposer
successive et régulière, et il a fallu toute la sagacité et
l'opiniâtreté de savants aussi distingués que M. de Rougé,
en France, et M. Lepsius, en Allemagne, pour mettre en
évidence un fait aussi imprévu que celui que nous venons
d'indiquer. Grâce à l'heureuse conservation de quelques
monuments échappés aux ravages du temps et aux outrages
plus dangereux encore de la main des hommes, ces
Messieurs ont eu la bonne fortune, l'un de reconstituer
la XIIe dynastie de Manéthon, et l'autre de déterminer
plusieurs des noms royaux qui devaient la précéder ou la
suivre.

C'est M. de Rougé qui a fixé, en 1848 [1], avec une ri-
goureuse exactitude, le point précis où le tableau de
gauche de la chambre des ancêtres devait être quitté
pour passer à celui de droite, et il a trouvé ce point de
disjonction à la troisième ligne, entre le cartouche de
RA SeBeK NeWeRU et celui de ANTeW.

Quant au second point de raccordement, nous croyons
qu'il doit exister au fond de la quatrième ligne du côté
gauche et que la continuité se rétablit par le cartouche, presqu'entièrement effacé, qui se voit à côté de
RA SNeWeR KA.

Afin de mettre un peu d'ordre dans notre étude,
nous commencerons, tout d'abord, par examiner soigneu-
sement la physionomie générale du tableau des ancêtres

---

[1] *Revue archéologique*, vol. V, année 1848-1849, p. 311 à 314.

de Thouthmès, et quand nous l'aurons suffisamment reconnue, nous tâcherons d'identifier les différents groupes
qui le composent, afin de tirer, autant que possible, de
leur situation respective des inductions quant à l'arrangement systématique des rois qui s'y trouvent inscrits.

Comme nous allons nous trouver en dissentiment avec
des hommes dont le nom fait autorité dans la science, ce
n'est pas sans éprouver une certaine appréhension que
nous nous décidons à émettre notre opinion sur le classement de quelques rois, d'un surtout que nous détachons
de la XIe dynastie pour le ranger dans la XVIIe. Tout
notre désir serait de faire passer dans l'esprit du lecteur
notre conviction sur ce point ; si nous n'y parvenons pas,
nous devrons nous en prendre à notre insuffisance,
qui n'aura pas su mettre en lumière une idée que nous
croyons juste cependant, et nous ne doutons pas qu'un
autre, mieux inspiré, ne sache un jour la faire définitivement accepter.

Venons maintenant à la chambre de Karnac.

Dans son très-remarquable examen des travaux de
M. Bunsen, M. de Rougé disait, en 1846 [1], au sujet de
la salle des ancêtres :

« Thouthmès III, représenté quatre fois, présente des
offrandes à quatre séries de rois disposés en huit rangées
et marchant dans deux directions contraires. Quel était le
fil conducteur dans ces généalogies ? c'est ce que personne n'avait su dire jusqu'ici ; il ne se trouvait aucun
des prédécesseurs de Thouthmès III qui pût indiquer où
se terminait la liste. »

En 1847, le même savant pressentait déjà que
RA SKeNeN pouvait bien être le prédécesseur d'Aahmes [2] ;

---

[1] *Annales de philosophie chrétienne*, 3⁰ série, vol. XIII, p. 438.
[2] *Annales de philosophie chrétienne*, vol. XV, p. 407, 3⁰ série.

un peu plus tard encore il constatait la position bizarre
de RA SKeNeN auprès de RA KHePeR KA (Ousertasen Ier)
à la quatrième ligne du côté gauche de la salle des ancêtres [1]; et, en 1851, dans son mémoire sur le tombeau
d'Ahmes, fils d'Abana, chef des Nautoniers, il établissait,
sans qu'il fût possible dès lors de contester raisonnablement son assertion, que RA SKeNeN était bien réellement
le prédécesseur d'Aahmes, chef de la XVIIIe dynastie. Le
cartouche qui devait clore la liste royale de Karnac était
donc trouvé! Évidemment c'était celui de RA SKeNeN.

Pourquoi ce cartouche ne terminait-il pas une ligne?
Pourquoi la ligne où se trouve RA SKeNeN se terminait-
elle, ou, si l'on veut, commençait-elle par RA KHePeR KA?
Pourquoi RA KHePeR KA (Usertasen Ier), un des deux
chefs de la XIIe dynastie [2], était-il en contact immédiat
avec RA SKeNeN, le dernier roi, selon toute apparence,
de la XVIIe? Pourquoi, enfin, RA KHePeR KA ne figurait-il
pas avec les rois de sa dynastie, qui sont inscrits à la ligne
au-dessus?

Avant de chercher à résoudre les difficultés soulevées
par tous ces points d'interrogation, il est bon de voir si
le papyrus de Turin ne pourrait pas fournir, de son côté,
quelques indications propres à éclairer les allures du
tableau général des ancêtres à la salle de Karnac.

Nous n'avons pas la prétention de discuter ici les lam-
beaux de ce monument dont on ne saurait trop déplorer
la mutilation. M. Lepsius en a publié un fac-simile étudié
avec le plus grand soin, et il y a reconnu, le premier,
la nombreuse famille des rois qui correspond à la XIIIe

[1] Lettre à M. Lecmans, *Revue archéologique*, 1849, vol. VI, p. 561.
[2] AMeN eM HA Ier a régné en commun pendant huit ans au
moins avec Usertasen Ier (RA KHePeR KA), son successeur et
son fils. (Stèle C. 1, du musée du Louvre.)

dynastie. M. Bunsen en a tiré, de son côté, un remarquable parti pour la chronologie de son livre, intitulé : *Place de l'Égypte dans l'histoire universelle*, et M. Mariette y a retrouvé l'ensemble des Ve et VIe dynasties de Manéthon [1]. Nous le prendrons donc tel qu'il est, tel surtout que l'a fait M. Brugsch, qui nous semble l'avoir traité et discuté avec plus de bonheur encore que ses devanciers, et qui a su en faire jaillir une lumière inattendue pour l'interprétation des premières dynasties.

Nous acceptons les résultats obtenus comme bons, et nous disons que RA MA K͞HeRU et RA NeWeRU SeBeK étant incontestablement les deux derniers souverains de la XIIe dynastie, les neuf noms qui viennent sur le papyrus [2], après le résumé chronologique qui suit la mention de ces deux monarques, doivent nous représenter la tête de la XIIIe dynastie dont les annalistes n'ont pas désigné un seul roi.

[1] *Revue archéologique*, année 1849-50, vol. VI, p. 306.

[2] Nous devons à la bienveillance de M. de Rougé une observation critique fort importante au sujet de ce fragment coté sous le n° 72, et nous sommes heureux de lui en témoigner ici toute notre reconnaissance. Ce savant, dont la compétence ne saurait être mise en doute, a examiné lui-même très-minutieusement, à Turin, les débris du précieux manuscrit, et il affirme que le lambeau qui porte les neuf cartouches qu'on range d'habitude à la suite du résumé qui vient après le nom de RA NeWeRU SeBeK, ne lui est nullement adhérent; qu'il y a en réalité deux morceaux détachés; que rien ne prouve que ces deux morceaux aient dû être réunis antérieurement, ni même qu'ils soient en place l'un à la suite de l'autre. On ne peut donc pas dire d'une manière absolue que les neuf noms en question forment la tête de la dynastie qui vient après la XIIe. Néanmoins la répétition au 4e et au 8e rang du prénom RA SHOTeP HeT, qui est aussi le nom officiel d'Amenemha Ier, nous laisse à penser que si ce fragment 72 n'est pas lui-même la tête de la XIIIe dynastie, il ne saurait en aucun cas s'en trouver bien éloigné.

Guidé par les précieux restes du canon royal, M. Brugsch, qui les a scrupuleusement étudiés et comparés, range dans cette famille environ quatre-vingt-douze cartouches au lieu de soixante qui serait le nombre indiqué par Manéthon.

Mais comme il a démontré que le canon donne parfois plus de noms que Manéthon n'en a désigné dans ses dynasties, et comme, au surplus, il paraît très-probable que les omissions du prêtre de Sebennys ont été faites à dessein, pour des Pharaons dont les actes n'avaient eu que peu ou point d'importance [1], on peut ne pas s'arrêter à cette différence dans les nombres, qui n'a d'autre portée que de restreindre un peu plus encore, la durée moyenne des règnes déjà si courts dans la XIIIe dynastie.

Les égyptologues français et allemands ont fait judicieusement ressortir que plusieurs noms du papyrus, inscrits sur les fragments qui se rapportent à la XIIIe dynastie, se lisaient aussi à la partie droite de la salle des ancêtres et que, de plus, on avait retrouvé, sur des monuments d'Abydos et d'Eleithya, ces mêmes noms accolés à d'autres cartouches qui se lisent SeBeK HoTeP et NeWeR HoTeP. Ils en ont conclu tout naturellement que le groupe nombreux de rois dont les noms de famille sont composés des éléments disjoints, NeWeR et SeBeK, du prénom du dernier souverain de la XIIe dynastie, éléments auxquels on avait ajouté le vocable HoTeP, avait succédé immédiatement à RA NeWeRU SeBeK, qu'il constituait, par conséquent, la XIIIe dynastie, et que pour un motif quelconque il avait été transporté à la chambre de Karnac, sur la partie droite du monument qui lui est entièrement affectée, bien qu'il eût dû figurer, chronologiquement, à la partie gauche où sa place naturelle

[1] Brugsch, *Histoire d'Égypte*, p. 19, 21, 44.

devait être à la suite de RA NeWeRU SeBeK la reine
Skémiophris de Manéthon.

L'ensemble et la position des rois de la XIIIe dynastie
étant ainsi déterminés sur le monument de Karnac, à quel
groupe doit-on rattacher le souverain qui se trouve sur
la même ligne que RA NeWeRU SeBeK, et tout à côté,
et dont le nom, accompagné du titre *Dieu bon,* se lit
ANTeW? Évidemment il ne peut pas faire partie de la
XIIe dynastie, puisque les huit rois qui la composent sont
connus; il faut donc l'en séparer pour le classer soit
avant, soit après.

Le papyrus de Turin, en nous donnant une suite de
noms qui doivent se classer immédiatement après la
famille des Amenemha et des Usertasen, nous conduit
à rejeter ANTeW du nombre de leurs successeurs et à
le considérer comme un de leurs devanciers. Une stèle
du musée de Leyde [1] nous vient ici, fort à propos, en
aide, car elle fixe nettement la position du groupe où
notre ANTeW doit trouver sa place.

Cette stèle, datée de l'an XXXIII de RA K̄H̄ePeR KA
(Usertasen Ier), donne la filiation de six dignitaires gou-
verneurs de TeNA dans le même d'Abydos; et le proscynème principal y est prononcé par Antew aker, qui fait
des vœux pour *le père du père de son père,* gouverneur
comme lui de TeNA, sous le règne de

l'horus qui augmente la vie, le roi de la haute et de la
basse Égypte, le fils du Soleil ANTeW.

---

[1] Voir la lettre de M. de Rougé à M. Lecmans, *Revue archéologique,* vol. VI, p. 563 et suivantes.

Le contexte de ce proscynème fait voir que Antew aker est mort dans la trente-troisième année du règne d'Usertasen Ier, et que le bisaïeul du défunt était contemporain du roi ANTeW HoR UaH aNKH. Ce roi ANTeW est donc séparé de RA KHePeR KA par un intervalle de trois générations, et il n'a pu s'écouler qu'un siècle environ entre les deux monarques, ce qui peut comporter à peu près quatre ou cinq règnes intermédiaires.

Or, comme la salle des ancêtres nous présente le nom ANTeW inscrit trois fois à la deuxième ligne et une fois à la troisième, auprès de RA NeWeRU SeBeK, nous pouvons conclure en toute assurance, avec M. de Rougé, que les ANTeW de la deuxième ligne comme celui de la troisième appartiennent à une famille dont le roi ANTeW HoR UaH aNKH était membre lui-même ; que cette famille a précédé immédiatement la XIIe dynastie, et qu'elle correspond à la XIe de Manéthon.

De ce qui précède, nous pouvons juger déjà que le trait principal, celui qui donne un cachet tout particulier à la physionomie du tableau généalogique de Thouthmès III, c'est la séparation même des aïeux de ce Pharaon en deux catégories, composant deux tableaux distincts et nettement tranchés. Dans l'un, celui de gauche, nous voyons à la partie moyenne, c'est-à-dire à la seconde et à la troisième ligne, des représentants des XIe et XIIe dynasties, encadrés entre d'autres groupes que nous aurons à identifier à leur tour ; et dans l'autre, celui de droite, nous apercevons les représentants de la XIIIe dynastie, à qui une large part est faite ainsi, mais complétement en dehors de son cadre naturel de temps et de lieu.

Nous avons vu qu'entre HoR UaH aNKH et RA KHePeR KA il n'y avait place que pour trois générations, c'est-à-dire pour un espace d'un siècle environ ; ces deux rois n'ont donc pu être séparés que par un petit nombre de règnes dont il convient de défalquer, tout d'abord, celui d'Amenemha Ier, avant qu'il eût associé au trône RA KHePeR KA, son fils et son successeur. Quels sont les rois à intercaler entre HoR UaH aNKH et Amenemha ? c'est ce qu'il est bien difficile de dire dans l'état actuel des choses. M. Brugsch, dans les planches de son excellent livre intitulé *Histoire d'Égypte,* première partie, a classé alternativement les ANTeW et les MeNTu HoTeP dans sa XIe dynastie, et il la termine par RA NeB KHeRU précédé de HoR UaH aNKH ; mais il faut observer que l'arrangement est purement arbitraire dans cette série où tout document relatif à l'ordre de succession fait défaut.

Nous ne connaissons que deux ANTeW qui puissent se classer régulièrement l'un par rapport à l'autre ; ce sont deux frères dont les noms sont inscrits sur la légende d'un grand cercueil doré, conservé au musée du Louvre ; et encore ces deux rois ne sont-ils désignés que par leur nom de famille, sans prénom ni titre quelconque qui puissent les faire autrement reconnaître. Nous donnons ci-contre l'inscription qui existe sur le couvercle du cercueil, elle se lit :

KRaS	NeWeRT	eM	KeR NeTeR	SuTeN
Sépulture	bonne	dans	le *Kerneter*	(au) Roi

ANTeW AA	MA	KHeRU	eM	TA	eN	eW	eN
Antew aa		justifié;	en	don	à	lui	de

SoN	eW	SuTeN	ANTeW	ESIRI	MeRi	Z'eTeN [1]
son frère		le roi	Antew,	d'Osiris	aimé	à toujours.

[1] Nous n'avons supprimé de cette inscription que le préambule ;

Cette légende explique parfaitement que le roi ANTeW a fait faire des funérailles à son frère et prédécesseur ANTeW AA, dont il a fait aussi décorer le cercueil ; mais nous n'en sommes guère plus avancés, puisque rien absolument ne peut nous indiquer après quel Pharaon viennent ces deux monarques ni avant quel autre ils doivent se placer.

On pourrait être tenté d'inférer de la légende du cercueil d'ANTeW AA que les deux rois dont elle fait mention appartenaient aux premiers temps de la XIᵉ dynastie et que leur autorité ne s'étendait que sur la haute Égypte. Ils n'ont, en effet, l'un et l'autre devant leur cartouche-nom, que le titre SuTeN écrit avec le roseau ; et le roseau, comme on sait, symbolise la contrée du midi, de même que la guêpe symbolise celle du nord. Mais l'argument tiré de l'orthographe du titre *roi* s'évanouit devant la légende d'un autre ANTeW AA qu'on trouve sur un cercueil peint, appartenant également à la collection du musée du Louvre. Ce cercueil a renfermé, comme l'autre, la momie d'un roi, mais ici les deux noms royaux sont inscrits sur le couvercle. Ainsi, sur la poitrine on lit le prénom officiel SuTeN KeB RA SKHeM HeR MA, le roi de la haute et de la basse Égypte Ra skhem her ma, et sur les jambes le nom de famille SuTeN ANTeW AA, le roi de la contrée du midi Antew aa. Malgré l'identité du nom de famille, cet ANTeW AA ne peut pas être le même que celui du cercueil doré, car une même momie

proscynème à Anubis, seigneur de ..... où le nom de la contrée consacrée à Anubis est effacé.

n'a pu être logée dans deux caisses différentes, à moins
cependant que l'une des deux ait eu des dimensions
suffisantes pour permettre d'y emboîter l'autre, mais ce
n'est point ici le cas. Il s'agit donc, en réalité, de deux
rois différents qui ont porté le même nom. Ce que nous
voulons surtout faire ressortir, c'est que sur le cercueil
peint de même que sur le doré, le nom de famille n'est
précédé que du titre SuTeN, *roi de la contrée du midi*.
On peut même remarquer que la petite figure qui sert
de déterminatif au titre SuTeN, sur le cercueil peint, est
coiffée de la couronne blanche affectée à la souveraineté
de la haute Égypte, tandis que le cartouche-prénom est
précédé des signes de la double royauté, le roseau et la
guêpe. Il est donc permis de supposer que si le cercueil
doré avait fait mention des noms d'intronisation des deux
rois qu'il rappelle, ils y auraient été précédés des mêmes
emblèmes que sur le cercueil peint. Nous reconnaissons
volontiers que notre argumentation ne prouve pas qu'il
en aurait été certainement ainsi ; mais elle prouve du
moins qu'on ne saurait affirmer le contraire et qu'on ne
peut pas davantage conclure de la simplicité du titre
SuTeN, que les ANTeW dont nous parlons n'ont dû
exercer l'autorité royale que sur la partie méridionale
de l'Égypte. Nous restons donc dans le doute le plus
absolu sur le rang que doivent occuper ces ANTeW,
soit qu'ils aient fait partie de la XIe dynastie, soit encore
qu'ils aient appartenu à une famille moins ancienne, ce
qui ne serait nullement impossible, comme nous aurons
occasion de le dire plus loin, et qu'ils aient régné à
Thèbes, à l'époque de la domination des HYKSOS.

Pour en revenir à HoR UaH aNKH ANTeW, qui est
bien réellement un roi de la XIe dynastie, nous pensons,
en raison des considérations que nous avons déduites de
la stèle de Leyde, qu'il doit être un peu plus éloigné

d'Amenemah que ne l'a placé M. Brugsch et que deux règnes intermédiaires ne peuvent pas suffire, en thèse générale, pour combler l'espace d'un siècle que nous savons s'être écoulé entre lui et RA KHePeR KA.

Ce que nous ne saurions admettre c'est l'intercalation des six rois que M. Lepsius introduit dans les planches de son Königsbuck, entre les ANTeW et la XIIe dynastie, avec un point de doute, à la vérité, pour quelques-uns, comme pouvant avoir appartenu à la XIIIe. Ces intermédiaires, M. Brugsch les a rangés, à bien plus juste raison, dans un groupe qu'il appelle « les rois antérieurs à la XVIIIe », seulement nous pensons qu'il aurait mieux fait d'y maintenir RA NeB KHeRU, au lieu de l'en détacher pour le classer à la fin de sa XIe dynastie.

L'inscription d'Ahmès, chef des nautoniers, qui a vécu sous les rois RA SKeNeN, Aahmes et Amenhotep Ier, met complétement en évidence l'erreur de M. Lepsius. Ce chef prend, en effet, le soin de nous instruire lui-même qu'il est né pendant que son père, Baï Baï, était UaU (officier) de navire, sous le roi RA SKeNeN, et que lorsqu'il fut en âge de servir à son tour, *quoique bien jeune encore,* il fut adjoint à son père, sur le navire le *Veau,* dans la flotte du seigneur des deux contrées, RA NeB PaH Ti, le soleil seigneur de vaillance, c'est le prénom officiel du roi Aahmes, chef de la XVIIIe dynastie. RA SKeNeN est donc le prédécesseur d'Aahmes, et rien absolument ne peut autoriser à le classer dans la XIe dynastie ni même dans la XIIIe. D'ailleurs, dans les tombeaux de Gournah, RA SKeNeN figure toujours en relation de parenté avec Aahmes, de même qu'avec tous les rois auxquels nous venons de faire allusion ; nous ne les séparerons donc point et nous rangerons tous ces souverains, RA NeB KHeRU compris, dans un même groupe qui sera pour nous la XVIIe dynastie.

Maintenant que la comparaison du papyrus de Turin avec des monuments authentiques, et tout particulièrement avec la salle des ancêtres, nous a permis de reconnaître la physionomie d'ensemble de la suite des aïeux de Thouthmès ; maintenant que nous y avons reconnu les XIe, XIIe et XIIIe dynasties ; que nous avons constaté que cette dernière est, en quelque sorte, cantonnée à part des autres familles, et que nous avons acquis la certitude qu'un roi de la XVIIe figure à la quatrième ligne de gauche du monument de Karnac, nous allons y revenir pour tâcher de nous rendre compte des groupes qui précèdent les ANTeW, comme de celui qui vient après les Amenemha et les Usertasen, et les identifier, si faire se peut, avec les dynasties de Manéthon auxquelles ils correspondent.

Si l'on veut bien se rappeler que sur le tableau des ancêtres de Thouthmès III « *ce monarque, représenté quatre fois, présente des offrandes à quatre séries de rois disposés en huit rangées et marchant dans deux directions contraires* », ne semblera-t-il pas que cette définition, donnée par M. de Rougé, est tellement exacte, tellement lucide, qu'elle implique immédiatement et de toute évidence l'ordonnance sériale du monument tout entier ? Il faut, en effet, que le tableau inférieur de gauche soit subordonné pour le temps au tableau supérieur du même côté, de même que le second du côté droit doit l'être à celui d'en dessus. Il doit résulter de cette disposition que tous les rois d'un tableau inférieur sont de date plus récente que ceux du tableau supérieur correspondant ; et s'il est permis de déduire d'un tel arrangement une conclusion, avec quelque présomption de certitude, il faut encore que tous les souverains d'une ligne soient plus modernes que ceux de la ligne qui se trouve au-dessus.

Voilà bien ce que la logique exige. Nous verrons, chemin faisant, qu'à part une ou deux exceptions dont nous aurons à nous rendre compte, on ne s'est point écarté de ce programme quant à la partie gauche dont nous allons maintenant discuter les deux séries partielles.

La première observation que nous ayons à faire c'est que la première ligne de la seconde série est occupée tout entière, à l'exception d'une seule place, celle du fond, qui a été donnée à un ANTeW, par le groupe des Amenemha et des Usertasen. La position de cet ANTeW, qui se relie nécessairement à ceux du groupe inscrit à la deuxième ligne de la série supérieure, avec cette considération qu'il est vraiment un roi, un *Dieu bon,* tandis que les autres ne sont que des *Horus* ou même de simples *Chefs,* nous fournit évidemment la preuve que la série inférieure est subordonnée, pour l'ancienneté de ses personnages, à la série supérieure ; et de fait nous avions vu déjà par ailleurs que les ANTeW ont précédé la XIIe dynastie.

Nous allons donc prendre la série supérieure, qui est la plus ancienne, et nous chercherons à la décomposer dans ses principales coupures.

A la seconde ligne nous voyons tout d'abord cinq places occupées par la famille des ANTeW que nous savons appartenir à la XIe dynastie, puis tout au fond trois rois que tout le monde considère comme d'une famille plus ancienne encore, et qu'on range sans contestation dans la VIe dynastie memphite. Voici l'ordre dans lequel se présentent les cartouches en s'écartant du roi consécrateur :

1... 2 HoR...ANTeW. 3 HoR...ANTeW. 4 HoR APe...MeN...
5 eRPA...ANTeW. 6 ....TA. 7 APAP. 8 RA MeR eN. [1]

Nous n'avons pas indiqué les titres qui accompagnent les trois derniers cartouches, et nous donnons au contraire ceux des cinq premiers personnages, afin de rendre sensible le progrès de leur fortune toujours ascendante à partir du plus ancien qui est représenté au n° 5, avec le titre, relativement modeste, de eRPA (HA?) noble chef.

La première ligne de la série nous montre huit cartouches rangés de la manière suivante :

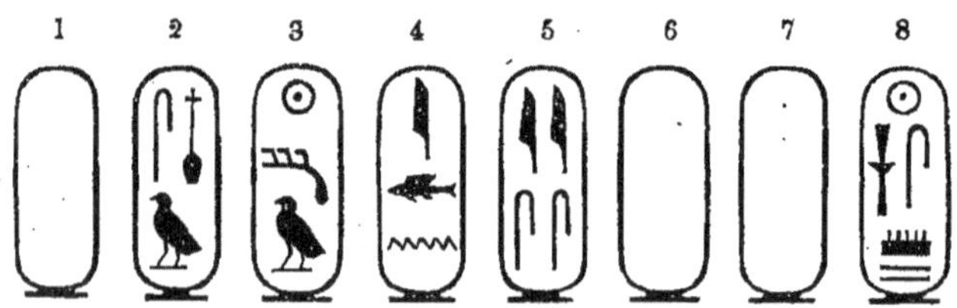

1...... 2 S NeWeRU. 3 RA SaHU. 4 AN. 5 ASAS. 6.......
7...... 8 RA K̄HeM SMeN TaTi.

Les observations de M. Mariette [2] ainsi que celles de M. Brugsch [3] sur les fragments 32, 34 et 43 du papyrus de Turin, établissent clairement que le roi UNAS était

[1] *Monuments égyptiens*, par Prisse d'Avesnes, pour faire suite aux *Monuments d'Égypte et de Nubie*, par Champollion jeune, pl. I.

[2] *Revue archéologique*, année 1849-50, vol. VI, p. 306.

[3] Brugsch, *Histoire d'Égypte*, p. 20, pl. III.

bien en réalité, comme l'a dit Manéthon, le dernier roi de la Ve dynastie, et de plus elles prouvent que ce monarque était immédiatement précédé par un autre dont le nom est écrit ⟨⟩ TaT sur le papyrus.

Une découverte précieuse du voyageur Lhote, de regrettable mémoire, lui a permis de lire sur une inscription gravée à Sakkarah les deux cartouches suivants :

qui ont appartenu à un souverain du premier empire, le roi de la haute et dē la basse Égypte RA TaT KA, le fils du soleil ASeS. D'autre part, Africain, dans sa liste de la Ve dynastie, fait précéder son dernier roi, Onnos (évidemment UNAS du papyrus), par un monarque qu'il désigne sous le nom de Tatchérès. Or, si on applique au nom d'intronisation du roi mentionné à Sakkarah la loi d'inversion par laquelle le nom divin RA, toujours inscrit, par respect, en tête d'un cartouche, devait souvent, à la lecture, se prononcer à la fin, on ne lira plus RA TaT KA, mais bien TaT KA RA, qui est évidemment le thème du nom écrit en grec Tatchérès. Peut-on maintenant admettre l'identité du Tatchérès de Manéthon avec le roi TaT du papyrus? Sans doute, le raisonnement l'exige ; mais cette identification des deux noms devient d'autant plus facile à admettre qu'on a aujourd'hui la preuve que les noms de souverains s'abrégeaient quelquefois dans les manuscrits et parfois même aussi dans l'écriture monumentale. C'est ainsi, par exemple, que le papyrus Abbot supprime le nom divin RA dans le cartouche-prénom d'Amenhotep Ier, qu'il écrit SoR KA au lieu de RA SoR KA, et que les monuments de la XIXe dynastie nous montrent fréquemment le prénom de Ramsés II, RA USeR MA SoTeP eN RA, abrégé en RA USeR MA tout simplement, et son nom de famille, MeRi AMeN RA MeSeS, abrégé en SeSTeSU, SeTeSU, SeSU et SeS [1]. On pouvait donc abréger les noms royaux, soit en faisant disparaître le mot soleil RA, soit en supprimant d'autres parties du nom, comme dans les exemples que nous venons de citer. Nous sommes donc fondés à dire que le prénom TaT du papyrus de Turin n'est que l'abréviation du prénom complet Tatchérès, rapporté par Africain, et dès lors il paraît certain que le roi dont on a retrouvé les cartouches à Sakkarah doit être le prédécesseur d'UNAS et que l'avant-dernier roi de la Ve dynastie s'appelait TaT KA RA ASeS. ASeS a d'ailleurs trop d'analogie avec ASAS de la salle des ancêtres pour qu'on n'admette pas que le cinquième cartouche de la première ligne appartient au prédécesseur d'UNAS. Reste maintenant à trouver ce que peuvent être les voisins d'ASAS ou d'ASSA.

La bibliothèque impériale possède un superbe papyrus qu'elle doit à la générosité de M. Prisse. Ce manuscrit, que les paléographes les plus compétents n'hésitent pas à classer parmi les monuments contemporains du premier empire, contient un recueil de sentences philosophiques, dont la première partie manque, plus un traité de morale rédigé sous le règne du roi ASSA, par un haut fonctionnaire, le Toparque (gouverneur de ville) PTaH HoTeP.

Le premier recueil, celui dont le commencement n'existe plus, se termine par la mention d'un fait mémorable, la mort récente du roi UeR eN A, et l'avénement au trône du roi SNeWeRU.

Mais ces deux traités composés par deux auteurs différents et à des époques différentes aussi, transcrits, plus tard, sur un même rouleau que son écriture peut

---

[1] Brugsch, *Histoire d'Égypte,* p. 137, pl. XII, n° 169.

faire rapporter au temps de la XIIe dynastie, s'ils nous montrent ces deux rois SNeWRU et ASSA comme appartenant à de très-anciennes dynasties, ne nous permettent pas, néanmoins, de rien conclure quant à l'antériorité d'un souverain sur l'autre.

Il paraît, néanmoins, qu'on peut considérer SNeWeRU comme bien antérieur à ASSA, car un tombeau de Giseh, de même que des inscriptions de Ouadi Magarah, semblent avoir fourni la preuve que SNeWeRU serait plus ancien, même, que KHUWU, de la IVe dynastie, fondateur de la plus grande des trois pyramides mises au rang des merveilles du monde. Nous avons donc tout lieu de croire que des trois souverains inscrits sur le papyrus Prisse, les deux premiers, UeR eN A et son successeur SNeWeRU, appartiennent à la fin de la IIIe dynastie, et qu'ASSA en est séparé, d'après les données de Manéthon, par un intervalle de plus de quatre siècles.

Au sujet de ce dernier et de ses deux plus proches voisins SaHU RA et AN nous devons ajouter qu'on voit à Abousir trois pyramides qui ont été, sans doute, trois tombeaux, dont la plus au nord porte sur plusieurs de ses pierres le nom de SaHU RA, de même qu'on peut lire sur la pyramide du milieu celui de RA USeR qui est le roi AN. On sait que ASSA avait élevé, lui aussi, une pyramide qui s'appelait NeWeR, *la belle ;* la troisième pyramide d'Abousir, qui n'a point encore livré le nom de son fondateur, ne serait-elle pas la pyramide d'ASSA? Nous ne voyons là rien que de très-vraisemblable et nous trouverions aiusi ces trois rois groupés dans la mort, sous leurs trois monuments funéraires, comme nous les voyons réunis à Karnac dans les hommages que leur adressait Thouthmès. Quoi qu'il en soit, on rencontre toujours et partout ASSA en relation de temps avec ces mêmes souverains que les monuments nous font supposer avoir vécu à une époque peu éloignée de celle des auteurs des grandes pyramides, et la force des choses nous oblige à les classer dans la Ve dynastie dont ASSA fut l'avant-dernier roi.

Nous avons dit qu'ASSA avait pour prénom officiel TaT ou TaT KA RA; il nous donne ainsi le premier exemple dûment constaté, jusqu'à présent, du double cartouche pour les Pharaons à une si haute antiquité. Nous sommes amené, cependant, à reconnaître que le roi AN avait aussi un prénom ou si l'on veut un autre nom, RA USER qu'on lit encore USeR eN RA.

En effet, M. Bunsen possède dans sa collection une statue votive du temps de RA K̅H̅ePeR KA qui peut faire présumer que l'usage des deux cartouches a pris naissance à l'époque de la Ve dynastie. Cette statue est chargée sur ses côtés de deux inscriptions à peu près identiques; l'une porte : « le roi RA K̅H̅ePeR KA l'a faite (la statue) en mémoire de son père le roi

USeR eN RA ⟨cartouche⟩ », etc.; et l'autre : « le

roi RA KHePeR KA l'a faite en mémoire de son père le

roi AN ⟨cartouche⟩ ». Il est bien évident que cette

statue n'a pu être commémorative que d'un seul souverain, car on ne pourrait pas comprendre une statue faite à l'image de deux rois différents; il faut donc admettre que AN s'appelait aussi USeR eN RA. On peut objecter, à la vérité, que

les deux noms sont précédés du même titre ⟨hiéroglyphes⟩ SuTeN

K̅H̅eB, et que l'identité du titre emporte la différence des personnages. D'accord s'il s'agissait de tout autre monument, d'un édifice, par exemple, ou d'une construction quelconque; mais, non, il s'agit ici d'une statue, et d'une statue faite en mémoire de quelqu'un et à l'image de quelqu'un. Nous préférons donc croire, soit à une erreur du graveur qui aura répété le titre SuTen K͞HeB au lieu d'inscrire celui de Si RA, soit à deux noms portés indifféremment par le même Pharaon avec le seul titre SuTeN K͞HeB, qui est certainement bien plus ancien que celui de Si RA. Dans l'une comme dans l'autre hypothèse nous sommes en présence d'un souverain qui a eu deux cartouches, dont l'un, celui qui se lit AN, se trouve répété sur l'agrafe de sa ceinture. Cette statue de M. Bunsen nous offre le seul exemple connu des deux cartouches, prénom et nom précédés du même titre SuTeN K͞HeB, ce qui tient très-probablement à une étourderie du graveur égyptien. Elle nous montre aussi que le mot ATeW ⲓ père, pouvait être employé dans le sens d'ancêtre, car RA K͞HePeR KA était fils d'Amenemha Ier, et sept ou huit siècles s'étaient écoulés entre le roi AN et lui.

Pour en revenir à notre première ligne, nous y voyons, tout d'abord, un cartouche effacé, puis quatre autres très-lisibles qui appartiennent à des rois dont ASSA est le moins ancien. RA SaHU et AN qui lui sont antérieurs font partie avec lui de la Ve dynastie, et SNeWRU représente la IIIe. Le premier cartouche effacé nous laisse dans une incertitude complète sur le souverain dont il a dû rappeler la mémoire; peut-être représentait-il le fondateur de la monarchie égyptienne, le roi Ménès? cette supposition n'a, du reste, rien d'invraisemblable. Le dernier cartouche, tout au fond de la ligne, celui qui se lit RA K͞HeM SMeN TaTi, s'offre avec une physionomie qui rappelle singulièrement les noms qu'on voit figurer

à la partie droite du monument. ⚚ RA $\overline{\text{KH}}$eM, suivant
une remarque de M. de Rougé, est une formule qui commence assez souvent les cartouches généralement com-
pliqués de la XIIIᵉ dynastie ; aussi nous inclinons à penser
que le roi dont c'était le prénom est de beaucoup postérieur à ceux dont nous venons de parler. Nous reviendrons
sur ce point un peu plus tard.

Pour les deux cartouches effacés qui le précèdent,
nous serions réellement bien embarrassé de dire à quelle
famille on doit les rapporter. Voici pourtant l'attribution
que nous serions tenté d'en faire, sans y attacher autrement d'importance ; le lecteur appréciera la valeur de
l'hypothèse. Nous avons dit que sur les cinq cartouches
lisibles de la ligne, RA $\overline{\text{KH}}$eM SMeN TaTi pouvait et
devait très-probablement se rapporter à la XIIIᵉ dynastie ;
qu'ASSA, l'avant-dernier roi de la Vᵉ, était le moins
ancien des quatre autres, et que SNeWeRU représentait
la IIIᵉ. Comme ce dernier précède immédiatement sur le
tableau SaHU RA, que nous rangeons dans la Vᵉ, nous
en tirons cette conséquence que Thouthmès n'avait représenté parmi ses ancêtres aucun prince de la IVᵉ dynastie, et comme tous les noms à la gauche d'ASSA
appartiennent à des princes plus anciens que lui, nous
disons, par analogie, que les deux cartouches vides qui
viennent à sa droite ont dû appartenir à des rois qui lui
étaient postérieurs. Ils doivent donc servir d'intermédiaires entre lui et le groupe le plus ancien de la seconde
ligne. Or, à la seconde ligne nous avons le groupe des
ANTeW qui représente la XIᵉ dynastie, et trois rois qui
appartiennent à la VIᵉ, nos deux cartouches vides doivent
donc s'intercaler entre l'avant-dernier roi de la Vᵉ dynastie et ceux de la VIᵉ, qui figurent à Karnac. D'après
le canon de Turin, APAP MeRi RA (c'est le Phiops cen-

tenaire de Manéthon) est le quatrième roi de la VIe dynastie ', il n'est donc possible d'intercaler que quatre
noms entre celui d'ASSA et celui d'APAP ; mais les trois
souverains de la VIe dynastie inscrits à la salle des ancêtres
sont TeTA, APAP et MeRi eN RA, et dans Manéthon, la tête
de cette famille nous donne pour les quatre premiers rois
Othoes, Phios (lisez Thios), Menthousouphis et APAP. TeTA
ayant été assimilé très-judicieusement à Thios ², se trouve
en réalité un des prédécesseurs d'APAP ; il ne reste donc
plus, d'une manière absolue, que trois noms auxquels on
puisse songer pour remplir les deux cartouches vides
qui nous occupent. Nous n'avons pas la prétention de
dire quels étaient les deux noms inscrits, évidemment
nous aurions trop de chance de nous tromper pour l'un
des deux ; mais rien n'empêche de supposer qu'UNAS
était du nombre, et alors l'autre cartouche vide, le dernier, aurait appartenu soit à Othoes ATI des monuments,
soit à Menthousouphis probablement I M HoTeP. On aurait
ainsi à la suite d'ASSA, pour compléter la série que
nous étudions, la fin de la Ve dynastie et le commencement de la VIe. Nous livrons notre hypothèse pour ce
qu'elle vaut ; les irrégularités reconnues à la chambre de
Karnac sont trop fortes pour qu'on puisse se flatter de
rencontrer juste en touchant à ce qui n'est plus clairement lisible sur ce monument.

En résumé, le premier tableau partiel de gauche nous
montre à la première ligne, en partant de la figure de
Thouthmès pour aller vers le fond, un cartouche effacé,
celui de Ménès peut-être? un souverain que les monuments font ranger vers la fin de la IIIe dynastie ; trois
autres qui appartiennent à la Ve ; deux cartouches effacés,

<hr>

' Brugsch, *Histoire d'Égypte*, p. 44, pl. III, col. VI.
² Brugsch,   id.,   p. 45.

et enfin un roi que nous croyons faire partie de la famille inscrite sur le côté droit du monument. A la seconde ligne il nous montre, au contraire, en revenant du fond vers la figure de Thouthmès, trois rois de la VIe dynastie, puis un groupe de cinq personnages, dont trois s'appellent ANTeW, c'est la souche de la XIe dynastie.

Il est bon de remarquer que dans ce groupe les titres vont croissant, depuis le personnage le plus éloigné de Thouthmès jusqu'à celui qui figure au second tableau, avec une légende vraiment royale. Ainsi le voisin de

TeTA n'a que le titre 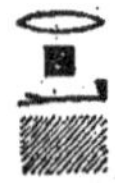   eRPA (HA ?), noble chef, titre

honorable très-certainement, mais porté fréquemment par des personnages qui n'appartenaient pas aux familles royales. Le nom de ce chef n'est même pas entouré de l'ellipse   . Celui qui vient ensuite a bien son nom inscrit dans un cartouche, mais son titre, quoique plus

auguste,    HoR APe....HoRuS, premier (chef ?) né

figure cependant jamais, suivant l'observation de M. de Rougé[1], dans le protocole des légendes royales. Son nom, en partie effacé, commence par   MeN, ce qui pourrait faire supposer MeNTu HoTeP, nom qu'on trouve sur des monuments de cette époque. Les deux personnages qui viennent après sont des ANTeW, ils ont aussi le titre HoR APe...... et leurs noms sont inscrits dans des ellipses. Quant à celui qui est le plus près de Thouthmès,

<hr>

[1] *Annales de philosophie chrétienne,* année 1846, 3e série, vol. XIII, p. 438.

il se trouve dans un état de dégradation tel qu'il est impossible de reconnaître ni son nom ni son titre disparus tous les deux. Enfin l'ANTeW qui figure au fond de la première ligne du second tableau porte un titre royal

complet ⌐══⌐ NeTeR NeWeR NeB TaTi

ANTeW, le Dieu bon (ou le Dieu gracieux), le seigneur des deux contrées, Antew.

Ces titres, de plus en plus considérables pour les membres d'une famille rattachée, selon toute apparence, par les liens du sang, aux rois de la VIe dynastie, prouvent que l'ordre de succession sur le tableau doit être régulier, sinon sans interruption, depuis le premier ANTeW, qui n'a que le titre de eRPA HA, jusqu'à celui qui porte le titre de *Dieu bon*, et, de plus, que cette famille n'est arrivée au trône qu'assez tard. Nous voyons dans ce fait d'agrandissement progressif une explication satisfaisante de l'apparente contradiction de Manéthon qui donne seize rois à la XIe dynastie, en ne lui accordant cependant que quarante-trois ans de durée, tandis que le canon royal de Turin ne compte, d'après M. Brugsch, que six rois dans la même famille [1]. Manéthon, pour un motif qu'il ne nous est pas donné de pouvoir apprécier, aura compté, à l'imitation de Thouthmès peut-être, tous les princes de la famille qui ont contribué à sa puissance, et le canon n'a inscrit, sans doute, que ceux qui auront porté la couronne.

Maintenant que nous nous sommes rendu compte de la disposition des groupes dans la première série de la partie gauche du monument, nous allons essayer de classer de même ceux de la seconde.

---

[1] Brugsch, *Histoire d'Égypte*, p. 47, pl. III, col. VI, frag. 61.

La première ligne de cette deuxième série nous présente sept cartouches rangés de la manière suivante :

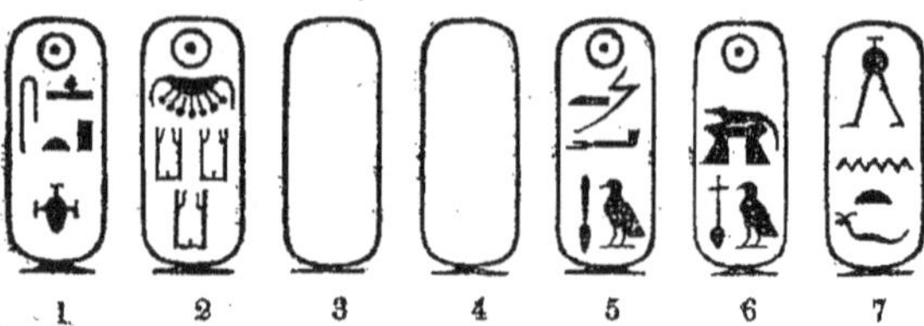

1 RA SHoTeP HeT.   2 RA NUB KAU.   3 ......   4 ......
5 RA MA KHeRU.   6 RA SeBeK NeWeRU.   7 ANTeW.

et la seconde en a huit, disposés ainsi :

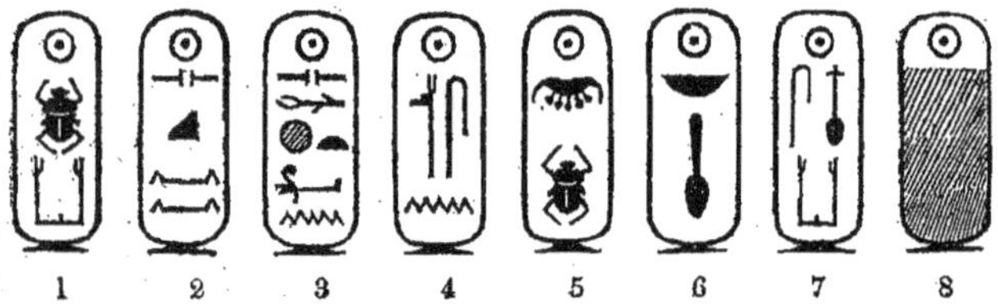

1 RA KHePeR KA.   2 RA SKeNeN.   3 RA SNeKHT eN.
4 RA USeR eN.   5 RA NUB KHePeR.   6 RA NeB KeHRU.
7 RA SNeWeR KA.   8 RA......

Nous avons déjà dit notre opinion sur l'ANTeW qui occupe la place du fond ; c'est un roi de lá XIe dynastie, un prince de cette famille arrivée par la persévérance de tous ses membres à ceindre le diadème.

Les six autres cartouches représentent la XIIe dynastie telle que les monuments et le papyrus de Turin l'ont constituée, moins deux rois cependant, dont l'un a été omis, tandis que l'autre, RA KHePeR KA, a été rejeté à la seconde ligne, au point le plus rapproché de la figure de Thouthmès III.

Tous les cartouches qui viennent sur cette seconde ligne, à la suite de RA KHePeR KA, appartiennent à des rois dont RA SKeNeN est évidemment le dernier. Les

tombeaux de Gournah nous montrent ce prince en relation de temps et de parenté avec les deux premiers rois
de la XVIIIe dynastie ainsi qu'avec d'autres souverains, tels
que SNeKHT eN RA, AAH HoTeP, RA NeB KHeRU, etc.;
mais on ne l'a jamais rencontré dans de semblables conditions avec aucun des rois de la XIIe dynastie, pas plus
qu'avec les ANTeW, ni avec aucun des SeBeK HoTEP ou
des NeWeR HoTeP. Nous pouvons donc conclure, en
toute assurance, que tous les cartouches de la deuxième
ligne, à l'exception de celui de RA KHePeR KA, appartiennent à des rois compris entre la XIIIe et la XVIIIe
dynastie, et qu'ils viennent se souder à cette dernière par
celui de RA SKeNeN.

Nous devons, ici, faire une observation au sujet du
cartouche qui se lit RA SNeWeR KA; c'est que nous lui
trouvons une telle analogie avec deux cartouches, incom-
plets à la vérité, de la deuxième et de la quatrième ligne
de la partie droite du monument où ils se présentent ainsi
RA SNeWeR.,.... mais avec un espace fruste suffisant pour avoir comporté la présence du signe
KA, que nous croyons à l'identité de lecture
et que nous le considérons comme ayant appartenu à un prince de la famille inscrite du côté droit.
Nous sommes amené de la sorte à reconnaître à la
deuxième ligne de la seconde série du côté gauche, un
groupe qui précède immédiatement la XVIIIe dynastie,
et qui se trouve représenté par cinq cartouches compris
entre celui de RA KHePeR KA qui appartient à la XIIe,
et deux autres que nous attribuons à la XIIIe, ou peut-
être à la XIVe, si tant est qu'elle soit représentée sur le
monument de Thouthmès.

Donc, la série inférieure ou deuxième de gauche nous
donne, en partant du fond, à la première ligne, un roi

de la XIe dynastie, et puis six de la XIIe; et à la seconde, deux rois que nous rapportons à la XIVe et plus volontiers à la XIIIe, cinq à la XVIIe, et enfin un à la XIIe.

En passant maintenant à l'examen des deux séries partielles du côté droit, nous allons être privé des précieux moyens de contrôle qui nous ont aidé si efficacement pour le côté gauche. Notre discussion ne pourra donc être que très-sommaire, puisque nous n'aurons pour nous guider que l'analogie; mais nous pensons que nous pouvons nous y abandonner et l'accepter sans craindre de nous laisser entraîner à de trop graves erreurs.

Si nous considérons le temps écoulé entre la XIIe dynastie et l'invasion des HYKSOS, l'opinion de M. Brugsch s'offre immédiatement à nous avec la plus séduisante apparence[1], et nous l'accepterions sans hésiter, si l'on ne

---

[1] Brugsch, *Histoire d'Égypte*, p. 72.

Nous ne pouvons pas accepter le système proposé par M. Lepsius, dans le tableau synoptique des dynasties égyptiennes de son Königsbuck, p. 16. Ce savant, qui a rendu d'éminents services à la science, établit un triple parallélisme entre la XIIIe dynastie d'une part, la XIVe xoïte suivie de la XVIIe thébaine de l'autre, et tout à la fois des XVe et XVIe, comprenant les HYKSOS, qu'il conduit jusqu'à la treizième année de Thouthmès III dont il fait, à partir de cette époque, le chef de la XVIIIe dynastie. Pourquoi donc scinder ainsi en deux parts le règne de ce Pharaon?

Malgré les assertions d'Africain, de Joseph et d'Eusèbe, le savant docteur fait entrer dans la XVIIe dynastie Amosis, Amenhotep Ier, Thouthmès Ier, Thouthmès II et les douze premières années de Thouthmès III. Et pourtant les monuments se sont chargés de fournir la preuve irrécusable de l'expulsion des Pasteurs sous le règne d'Amosis! Il nous semble singulièrement difficile, au surplus, de comprendre dans ce système, comment et où les Xoïtes auraient pu régner tandis que les HYKSOS étaient maîtres de la basse Égypte, et que la haute était au pouvoir des princes thébains de la XIIIe dynastie.

pouvait soulever à l'encontre une objection qui nous paraît bien difficile à réfuter.

Ce savant admet le parallélisme complet des XIIIᵉ et XIVᵉ dynasties. En divisant l'empire elles en auraient altéré la force et l'auraient énervé au point de le livrer sans défense au flot des envahisseurs. Dans cette hypothèse, la XIIIᵉ dynastie thébaine aurait occupé la haute Égypte, et la XIVᵉ xoïte le Delta qu'elle fut inhabile à défendre quand arrivèrent les rudes HYKSOS. La déroute des Xoïtes aurait entraîné la ruine du pays entier.

Si l'on admet cette supposition, on comprendra facilement que Thouthmès n'ait pas voulu conserver la mémoire d'une famille qui avait restreint ou usurpé la puissance des Thébains, et qu'il ait relégué dans un cadre à part de son monument les princes nombreux de la XIIIᵉ dynastie, dont les premiers n'auraient pas eu l'énergie de comprimer les tentatives des Xoïtes, et les derniers auraient eu la douleur d'assister à la chute de la monarchie.

Cette hypothèse présente en outre l'avantage, pour ceux qui cherchent à abréger autant que possible des durées qui leur semblent excessives, de réduire sensiblement le temps qui se serait écoulé entre la XIIᵉ et la XVIIIᵉ dynastie. On arrive, en effet, à supprimer de la sorte, quatre siècles, peut-être, et dans tous les cas cent quatre-vingt-quatre ans au moins, en admettant pour les soixante-seize rois xoïtes le plus faible des deux chiffres rapportés par Eusèbe.

Mais l'objection grave qu'on peut et qu'on doit faire à ce système, c'est que la XIIIᵉ dynastie a possédé tout à la fois Tanis, Abydos, Thèbes et la Nubie jusqu'à l'île d'Argo, c'est-à-dire l'Égypte tout entière. Partout elle a laissé des traces de sa puissance, et Tanis même n'en a pas été exempte [1], puisque M. Mariette y a découvert des monuments qui portent l'empreinte bien reconnaissable de cette famille qu'on ne peut pas amoindrir par trop, sans autre motif que celui de rendre la besogne plus commode. Si donc la division de l'empire s'est réellement effectuée sous la XIIIᵉ dynastie, elle n'a pu arriver qu'assez tard et dans le dernier siècle de son existence.

Au demeurant, soit qu'on accepte l'hypothèse de M. Brugsch, celle du parallélisme des deux familles, en leur accordant à chacune une durée sensiblement égale, soit qu'on adopte la supposition d'un démembrement de la royauté vers les derniers temps de la XIIIᵉ dynastie, toujours est-il que Thouthmès, qui était thébain, n'a considéré, très-probablement, comme légitime que la dynastie thébaine et que, dès lors, nous ne devons trouver à la partie droite de la salle des ancêtres que des rois thébains, à l'exclusion de ceux de la famille xoïte qui, même en la supposant légitime et consécutive, n'avait pas su conserver la couronne.

Enfin Thouthmès étant l'arrière-petit-fils d'Aahmes, qui avait expulsé les Pasteurs, il est bien évident qu'il ne saurait venir à la pensée de personne qu'on pût trouver dans la chambre de Karnac un seul nom ayant appartenu aux HYKSOS. Nous terminerons donc le peu que nous ayons à dire sur les deux séries partielles du côté droit, en nous laissant guider par la loi d'analogie, et nous admettrons que dans cette partie du monument, de même que pour la partie gauche, l'ordre chronologique est descendant; que la série supérieure n'a que des rois plus anciens que la série inférieure; que dans chaque

---

[1] *Revue archéologique,* voir la lettre de M. Auguste Mariette, dans le numéro de mai 1862.

série la seconde ligne n'a que des rois plus récents que ceux de la première ; et, enfin, que les rois des deux séries appartiennent à une seule dynastie, la XIIIe.

Nous avions pensé, de prime abord, lorsque nous avons cherché à nous rendre compte de l'arrangement des cartouches à la salle des ancêtres, que tous les rois, à part une exception, celle de RA KHePeR KA, devaient s'y trouver réunis par familles et groupés en ordre régulier. La succession des princes de la famille ANTeW, qu'on y voit partir d'une situation relativement modeste pour arriver à la double couronne, nous confirmait dans la pensée que nous étions dans le vrai. La série régulière des Amenemha et des Userlasen, bien qu'en ordre inverse de celle des ANTeW, ne nous semblait point infirmer cette manière de voir à laquelle nous nous étions attaché de toutes nos forces, tant nous avions foi dans l'esprit de méthode d'un peuple que nous n'apercevions qu'à travers un rideau de trente siècles d'épaisseur. Cet ordre inverse de la XIIe dynastie nous apparaissait même comme un excellent argument en faveur du système suivi à la chambre de Karnac, pour fixer, par un point de discordance manifeste et intentionnel, l'endroit précis où il fallait abandonner le tableau général de gauche pour passer à celui de droite. La position de RA NeB KHeRU sur le monument, tout éloignée qu'elle pût être de celle qui lui a été faite par des savants dont l'opinion pèse d'un grand poids en pareille matière, ne nous arrêtait point ; car maintenant encore, et plus que jamais, nous croyons que ce prince est mieux à sa place en relation de temps avec RA SKeNeN, qu'il ne saurait l'être avec les souverains de la XIe dynastie. Nous cherchions donc, pour nous affermir dans notre idée, des preuves tirées de quelques monuments qui auraient pu nous fournir des positions respectives inattaquables pour des princes des Ve et VIe dynasties. Mais c'est là précisément que nous devions trouver un grand mécompte et acquérir la certitude que nous faisions fausse route. Au fond de notre étude nous devions trouver la preuve que l'arrangement des rois par séries régulières, comme nous l'avions rêvé, n'était qu'une illusion ; nous devions y trouver une raison péremptoire de renoncer à l'espérance de rencontrer chez les Égyptiens l'esprit de classement tel qu'il est compris chez les peuples modernes, tel qu'il nous apparaîtrait dans un tableau d'ensemble qu'on pourrait dresser de nos jours, en supposant, par exemple, qu'on voulût représenter nos trois premières races royales : les Mérovingiens, les Karlovingiens et les Capétiens. Les Égyptiens ne l'entendaient pas ainsi, et l'on peut affirmer qu'alors même qu'ils ont suivi l'ordre naturel de succession pour quelques groupes, ils y ont le plus souvent renversé ou bouleversé l'ordre de succession des règnes.

Le fait est que le papyrus de Turin, les tombeaux de Giseh et les inscriptions de Ouadi-Magarah ont complétement dissipé les illusions que nous avions pu nous faire sur un classement régulier des rois à la salle des ancêtres ; l'arrangement suivi sur une ligne ne se retrouve pas à la suivante et le système adopté pour une série n'existe plus pour l'autre. Ainsi à la première ligne de la première série, le cartouche n° 2, SNeWeRU, appartient à un roi de la IIIe dynastie ; SaHU RA et AN qui ont les n°s 3 et 4 sont plus anciens que ASSA qui figure au n° 5, et RA K̄H̄eM SMeN TaTi, du n° 8, est selon toute apparence un roi de la XIIIe. L'ordre chronologique y est donc établi de gauche à droite, pour les groupes et pour les souverains. A la seconde ligne, c'est tout autre chose : le groupe de gauche est moins ancien que celui de droite, l'ordre des ANTeW descend de droite à gauche, et celui des rois de la VIe dynastie marche, au contraire, de gauche à droite. Pour les ANTeW il n'y a point à discuter, les titres mêmes qui leur sont donnés prouvent suffisamment que leur ordre de succession est bien réellement dans le sens que nous avons indiqué. Quant aux trois rois du fond de la ligne, leur classement peut être parfaitement déterminé par la comparaison du papyrus de Turin avec une inscription de Ouadi-Magarah [1] et le tombeau de eRPA ZUAT. Ce tombeau nous donne les noms de trois rois groupés ainsi : RA MeRi, RA MeRi eN et RA NeWeR KA, RA MeRi eN étant au milieu. Le papyrus de Turin, comme l'a fait très-bien ressortir M. Brugsch [2], nous montre que la VIe dynastie comptait en réalité dix rois, au lieu de six indiqués par Manéthon, et que le quatrième avait régné plus de quatre-vingt-dix ans, d'accord en cela avec le prêtre de Sebennys qui rapporte que Phiops, quatrième roi de cette famille, monta sur le trône à l'âge de six ans et qu'il devint centenaire. Il nous donne, en outre, les noms plus ou moins bien conservés des cinq derniers rois, dans l'ordre suivant : NeT AKRIT, reine, NeWeR KA, NeWer eS, ...AB...., et pour le dixième un nom qui n'est plus lisible. NeT AKRI avec l'indice du féminin T se trouve donc sur le papyrus au sixième rang, et NeWeR KA au septième, trois rangs après le roi centenaire. Nous ferons remarquer, en passant, l'accord du papyrus avec Manéthon qui désigne aussi une reine, la belle Nitocris, comme sixième souverain de la VIe dynastie. L'inscription d'Ouadi-Magarah, enfin, nous apprend que le roi RA MeRi APAP avait eu de la reine RA MeRi

---

[1] Brugsch, *Histoire d'Égypte*, p. 46.
[2] Brugsch, *Histoire d'Égypte*, p. 43 et suivantes, pl. III, col. V et VI, fragments 43, 44, 59 et 61.

aNK͞H eN eS (RA MeRi est sa vie) un fils nommé NeWeR KA RA[1].

Il est bon de se rappeler que les noms royaux s'abrégeaient parfois dans l'écriture hiératique, ainsi que nous avons eu occasion de le dire pour le roi RA SoR KA, par la suppression du mot RA, soleil. Nous pouvons donc, en toute assurance, assimiler NeWer KA du canon royal de Turin avec le nom monumental RA NeWeR KA; et puisque tous les monuments qui semblent contemporains de ces époques reculées s'accordent constamment à nous présenter les mêmes noms TeTA, RA MeRi APAP, RA MeRi eN et RA NeWeR KA groupés comme ayant appartenu à des rois qui ont dû vivre en des temps très-rapprochés les uns des autres, nous sommes justement fondé à dire que NeWeR KA du papyrus est bien le même roi que NeWeR KA RA, fils d'APAP, de l'inscription d'Ouadi-Magarah et que RA NeWeR KA du tombeau de eRPA Z'UAT.

Cela étant, le troisième prédécesseur de NeWeR KA ou RA NeWeR KA, ce qui est tout un, celui qui a régné quatre-vingt-quatorze ans, doit être évidemment APAP dont le nom est, au surplus, le seul qui puisse se résoudre, en raison de sa double articulation P, en celui de PhioPs. De plus, comme le tombeau d'eRPA Z'UAT nous montre RA MeRi eN intermédiaire entre RA MeRi et son fils RA NeWeR KA, il faut admettre que RA MeRi eN est postérieur à APAP et, par suite, que son nom est le seul qu'on puisse inscrire sur le papyrus, à la place devenue vide, entre le roi centenaire et la reine Nitocris. On a donc forcément la suite RA MeRi APAP, RA MeRi eN, NeT AKRI et RA NeWeR KA.

De ce qui précède, nous concluons que RA MeRi eN,

____

[1] Brugsch, *Histoire d'Égypte*, p. 46.

NeT AKRI et RA NeWeR KA étaient, tous trois, enfants
de RA MeRi APAP, ce qui s'arrange fort bien avec le récit
d'Hérodote qui nous rapporte que Nitocris fit mourir les
conjurés qui avaient assassiné son frère, le roi Menthousouphis (sans doute RA MeRi eN) et qu'ensuite elle se
donna la mort pour se soustraire aux dangers que devait
lui faire encourir sa vengeance.

Une dernière conséquence à tirer de cette discussion,
c'est que toutes les places, depuis APAP jusqu'au dernier
roi, se trouvant remplies par des noms qui ne ressemblent
nullement à celui de TeTA, alors que les monuments de
l'époque nous montrent ce même nom TeTA joint à celui
d'APAP et alternant plusieurs fois avec lui [1], il faut que
TeTA soit lui-même un roi antérieur à APAP.

Donc, en dernière analyse, l'ordre de succession des
rois de la VIᵉ dynastie est, ainsi que nous l'avions indiqué,
de gauche à droite, à la salle des ancêtres.

Pour la seconde série, nous avons vu que la XIIᵉ dynastie
occupait la gauche de la première ligne et qu'elle y était
rangée elle-même de gauche à droite, en sens opposé à
celui des groupes, puisque c'est un roi de la XIᵉ dynastie qui figure à l'extrémité de la ligne, à droite de
RA SeBeK NeWeRU. A la deuxième ligne, enfin, nous
avons trouvé un groupe de cinq personnages appartenant
à la XVIIᵉ dynastie et dont l'ordre doit être descendant
de droite à gauche, puisque RA SKeNeN est le moins
ancien de tous les rois représentés à Karnac; mais ce
groupe, le plus moderne de tous ceux de la salle des
ancêtres, est intercalé entre un roi de la XIIᵉ à sa gauche,
et deux autres de la XIIIᵉ à sa droite. Cette deuxième

[1] Prisse d'Avennes. *Monuments égyptiens pour faire suite
aux monuments d'Égypte et de Nubie*, de Champollion jeune,
pl. XV.

série ne rappelle donc pas du tout, dans son agencement,
la disposition adoptée pour la première.

Il y avait déjà longtemps que nous cherchions à inter-
préter la liste des ancêtres de Thouthmès, quand nous
avons eu la bonne fortune de pouvoir étudier au musée
égyptien de Marseille un monument très-curieux, sur
lequel on peut lire trente-quatre cartouches plus ou
moins bien conservés, mais qui le sont assez néanmoins
pour ne laisser aucune incertitude quant aux noms qu'ils
rappellent. Ils appartiennent à seize rois et à deux reines
répartis dans les XVIIe, XVIIIe et XIXe dynasties.

Ce monument, en pierre calcaire, d'un style fort
médiocre, a dû être, jadis, le couronnement d'un autel à
libations. Sur la table creuse, où devaient être répandus
les liquides, on a représenté, en relief, des pains, des
fruits, un panier à anse, un vase à liquide, un vase à
libation, et un autre objet que nous ne saurions définir,
peut-être un pain de cire? Sur l'encadrement en saillie,

dont l'un des grands côtés figure un   HoTeP

qui aurait le bouton coupé dans toute sa longueur par
une rigole, on voit douze cartouches dont deux appartiennent à RA MeSeS II, un à SeTI Ier, un à RA MeSU,
un autre à RA NeB K̄HeRU, et sept à des rois de la
XVIIIe dynastie. A droite et à gauche du bouton on a
inscrit les cartouches de deux reines, celui d'AAH HoTeP,
femme de Amenhotep Ier, à droite, et celui d'AAH MeS
NeWeR ATaTI (variante de Newer atari), femme d'Aahmès,
à gauche [1]. Ces deux cartouches sont accompagnés des

signes qui qualifient les défunts,   MA K̄HeRU

(proclamé juste). Les deux reines sont ici placées en

____

[1] Voir les planches.

dehors de la série des rois ; et parmi ces derniers le cartouche de RA MeN MA (Seti Ier) est le seul qui soit accompagné de la mention MA KHeRU.

Les bandes d'encadrement où sont inscrits les douze cartouches de rois commencent symétriquement à droite et à gauche du bouton cannelé dont nous avons parlé, par la formule ordinaire des proscynèmes 𓋴𓊵𓏏𓏠 SuTeN Ta HoTeP, offrande royale (ou acte d'adoration), suivie du symbole de la royauté, un roseau 𓇋 devant une figure de roi accroupi. Après cet emblème on voit, du côté droit, le cartouche-prénom de Ramses II, RA USeR MA SeTeP eN RA, et du côté gauche celui qui renferme son nom de famille MeRI AMeN RA MeSeS. Sur les branches descendantes qui forment les petits côtés du parallélogramme on trouve, à droite, AMeN HoTeP et RA MeN KHePeR, et à gauche, RA KHeRU NeB, RA AA KHePeR KA et RA MA NeB. Enfin, sur le grand côté opposé à la rigole on lit, en allant de droite à gauche, RA AA KHePeR eN, RA MeN KHePeRU eN, RA SoR KHePeRU eN, RA MeN PaH et RA MeN MA MA KHeRU[1].

Parmi les noms que nous venons de citer comme appartenant à la XVIIIe dynastie, nous ne trouvons que deux Amenhotep au lieu de trois. Il ne serait pas impossible qu'Amenhotep Ier eût été omis sur cette liste, ainsi que son père Aahmès, et ce qui nous fait pencher vers cette opinion c'est que les deux places à part en dehors de l'encadrement ont été réservées précisément aux reines

---

[1] Cette qualification MA KHeRU, *justifié*, donnée à SeTI Ier, père de Ramesès II, doit-elle faire supposer que cet autel a été consacré du vivant de ce dernier monarque, ou bien n'y doit-on voir qu'une épithète destinée à carrer le dessin en comblant un espace qui serait autrement demeuré vide ?

AUTEL A LIBATIONS

consacré sous le règne de Merienphtah fils et successeur de Rämses II.

musée Egyptien de Marseille. ½ grandeur.

épouses de ces deux Pharaons. Ce qui nous semble, du reste, singulier, c'est que le premier cartouche de la branche descendante, du côté droit, porte le nom de famille AMeN HoTeP, au lieu de contenir, comme les autres, un nom d'intronisation, cette disposition nous laisse dans l'impossibilité de préciser lequel des Aménophis a été omis, RA SoR KA ou RA AA K̅H̅ePeRU eN.

Sur les pans extérieurs de cette table à libations, qui a 18 centimètres d'épaisseur, on voit régner tout autour une série de vingt cartouches précédés par un basilicogrammate en adoration devant tous les noms des rois auxquels il adresse ses hommages. La pierre, malheureusement fort maltraitée dans cette partie, ne laisse plus apercevoir que le buste du royal scribe avec un commencement d'inscription

SuTeN AN eM AS AA KN [1].......

le royal scribe dans la grande demeure, KeN.......

C'est évidemment à cet endroit que commence la légende qui part de la droite du grand côté rectangulaire de la pierre et marche vers la gauche pour en faire le tour.

Voici maintenant l'ordre des cartouches numérotés à partir du personnage en adoration.

Grand côté opposé à la rigole, de A en B.

1 — RA USeR MA..... }
2 — MeRi AMeN RA MeSeS. } Ramses II.
3 — RA SNeK̅H̅T eN (lisez plutôt SNeK̅H̅T eN RA [2]).

[1] KN doit appartenir au nom du basilicogrammate, et il est possible que le signe AA, *grand,* que nous avons appliqué à *demeure,* ait été le commencement du nom.

[2] Il est à remarquer que dans les prénoms d'avénement le nom divin RA qu'on écrivait, par respect, en tête du cartouche, devait

4 — RA SKeNeN eN.
5 — RA UZ' $\overline{\text{KHePeR}}$.

Petit côté rectangulaire de gauche, de B en C.

6 — RA $\overline{\text{KHeRU}}$ NeB.
7 — RA PaH NeB — Aahmes.
8 — AAH HoTeP.... reine épouse d'Amenhotep Ier.
9 — AAH MeS NeWeR ATaRI reine épouse d'Aahmes.

Grand côté courbe vers lequel se dirige la rigole, de C en D.

10 — RA AA $\overline{\text{KHePeR}}$ KA — Thouthmès Ier.
11 — RA MeN $\overline{\text{KHePeR}}$ — Thouthmès III.
12 — RA AA $\overline{\text{KHePeR}}$ eN — Thouthmès II.
13 — RA SoR KA — Amenhotep Ier.
14 — RA AA $\overline{\text{KHePeRU}}$ eN — Amenhotep II.
15 — RA MeN $\overline{\text{KHePeRU}}$ eN — Thouthmès IV.
16 — RA MA NeB — Amenhotep III, Memnon des Grecs.
17 — RA SoR $\overline{\text{KHePeRU}}$ eN — Horemeb (Horus) l'Armaïs de Joseph.

Petit côté rectangulaire de droite, de D en A.

18 — RA MeN PaH — Ramses Ier.
19 — RA MeN MA — prénom officiel de Séti Ier.
20 — OSIRI PTaH MeRi eN — variante du nom de Séti Ier [1].

ordinairement à la lecture, se prononcer à la fin. C'est pourquoi les Grecs ont donné à presque tous les noms pharaoniques la terminaison *res*. Ex. : RA MeN KA = MeN KA RA = Menchéres le Mycérinus d'Hérodote.

[1] Nous ferons observer que le roi Séti Ier (Séthos de Manéthon) a eu deux variantes de son nom, très-curieuses en ce qu'elles peuvent avoir tenu à la politique de ce conquérant, et qu'elles en résumeraient deux phases bien distinctes. La première SeTI MeRi eN PTaH figure sur la plupart des monuments de son règne ; et la seconde OSiRI MeRi eN PTaH se voit surtout dans son tombeau. Ce fait singulier peut s'expliquer jusqu'à un certain point par la constitution politique de l'Égypte, vers la fin de la XVIIIe dynastie et sous les rois de la XIXe. Les Pharaons de la XVIIIe avaient eu pour mission de purger le pays de la plaie des HYKSOS. Aahmès, le chef de cette dynastie, avait expulsé les rois pasteurs de leur boulevard de AH UAR (Avaris), dans la

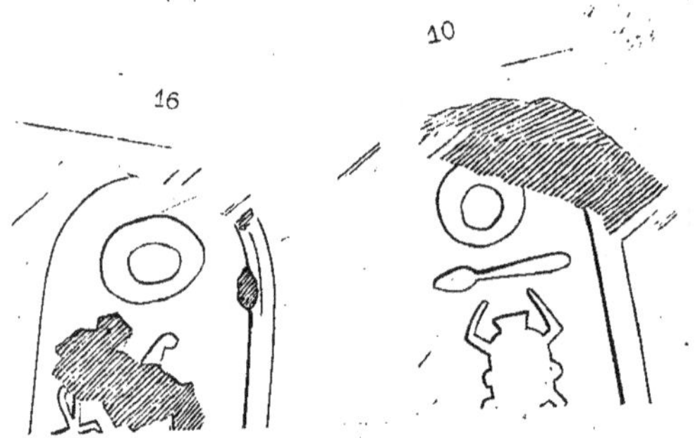
16
10

Pans Extérieurs de la Table à Libations. ½ grandeur.

Après avoir pris dans tous les sens les trente-quatre cartouches de ce singulier monument pour tâcher de nous rendre compte de l'intention qui avait présidé à leur agencement, nous avons dû reconnaître que la tâche était au-dessus de nos forces. Plus nous nous appesantissions sur cette étude et moins nous comprenions. Nos idées sur ce que nous avions cru des Égyptiens, pour leur esprit de méthode inflexible, se trouvaient complétement déroutées ; l'idée, surtout, d'un système régulier de classement des noms royaux sur les monuments historiques s'évanouissait définitivement. Pour nous elle ne pouvait plus exister comme principe, et nous en sommes arrivé à croire que toutes les fois que l'ordre chronologique a été respecté dans une série

sixième année de son règne. Après lui ses successeurs, les Thouthmès, portèrent leurs armes en Asie jusqu'en Mésopotamie. Ces rois conquérants n'avaient donc plus rien à redouter des chefs nomades (des HYKSOS). Mais si les chefs des pasteurs avaient été refoulés loin des frontières, leur peuple n'avait point abandonné la terre où il s'était implanté depuis l'invasion, et sept ou huit siècles d'habitation, sur les plaines fertiles de Tanis, l'avait tellement naturalisé dans cette portion du Delta qu'il ne l'abandonna jamais, depuis qu'il y eût mis une fois le pied sous la XIVe dynastie. C'est du moins ce que semblent prouver les observations de M. Mariette qui a reconnu tout récemment sur cette terre (aujourd'hui redevenue célèbre par le percement de l'isthme de Suez), à HA UAR même (la Z'AN des Égyptiens et la Tanis des Grecs), une population dont le type diffère complétement de celui du peuple égyptien, proprement dit, et rappelle au contraire d'une manière frappante celui des statues antiques qui se rapportent indubitablement à la période des HYKSOS. (Voir la lettre de M. Th. Devéria à M. Auguste Mariette, du 16 avril 1861, *Revue archéologique*, deuxième série, vol. III, p. 258.)

Les Pharaons, même les plus puissants, avaient donc à compter, à cette époque, avec une population nombreuse, de race étrangère, toujours hostile, comprimée, mais peu soumise, et nullement royale, comme à la deuxième ligne de la table d'Abydos, par exemple, on se trouve en présence d'une exception heureuse, mais qu'en thèse générale les artistes égyptiens ont donné beaucoup à la fantaisie.

Pourtant, s'il nous faut renoncer à une croyance qui s'était comme enracinée dans notre esprit, nous pensons, après de longues réflexions sur ce sujet et après avoir étudié toutes les séries dont nous avons pu prendre connaissance, qu'il reste acquis un fait important et qu'on peut considérer comme une espèce de loi géométrique; c'est le classement par groupes que nous formulons en disant :

Dans les familles ou groupes différents, l'ordre en série des rois est le plus ordinairement arbitraire; mais

absorbée dans la masse des régnicoles. On sait maintenant qu'APAPI, le dernier des rois HYKSOS, *avait choisi Soutech pour son seigneur*, et qu'il lui avait fait construire un temple à Haouar où il avait interdit le culte de tous les autres dieux de l'Égypte. Soutech ou Set était donc la grande divinité protectrice des étrangers, qui avaient continué de résider dans cette portion de la basse Égypte. Quoi d'étonnant, dès lors, que les Pharaons, dans une pensée politique, aient donné à leurs enfants le nom de la divinité par excellence d'une population qu'il était bon de ménager? C'est là, à n'en pas douter, le motif qui aura déterminé Ramses Ier à faire porter par son fils MeRi eN PTaH (aimé de Phtah) le nom de SeTI qui lui a été conservé dans l'histoire sous la forme de Sethos. Ce grand conquérant (Sethos) a gardé le nom de SeTI pendant la majeure partie de son existence; mais lorsque ses nombreuses victoires l'eurent affranchi de toute appréhension de la part d'un peuple qu'il pouvait considérer comme dompté, il répudia, probablement, le nom du Dieu de l'étranger pour prendre celui d'une grande divinité égyptienne, d'Osiris qui avait été victime des méfaits de SeT. C'est alors qu'il prit, par un sentiment tout national, le nom d'Osiri qu'on retrouve presque partout sur les peintures de son tombeau. (Voir les *Monuments d'Égypte et de Nubie*, par Champollion jeune.)

chaque groupe reste constitué dans son intégrité et ne chevauche point à travers les groupes voisins.

Le pourtour de la table de Marseille nous fournit un très-remarquable exemple de cette loi des groupes. En effet, le proscynème s'adresse directement à RA MeSeS II, vivant peut-être encore à l'époque de la dédicace de l'autel ; après lui vient la dynastie la plus ancienne qui comprend RA SKeNeN, SNeK͞H̅T eN RA, RA UZ' K͞H̅ePeR[1] et RA K͞H̅eRU NeB ; puis la XVIIIe, où le dessinateur a rangé les deux reines, épouses des deux premiers rois de la famille ; et enfin après Horemheb les deux ascendants directs de Rameses II. Ces deux derniers monarques RA MeN PaH et RA MeN MA terminent la liste, qui revient sur elle-même, et se trouvent par le fait groupés avec leur successeur Rameses II. Il y a là, incontestablement, trois groupes parfaitement distincts et qui ne s'enchevêtrent point l'un dans l'autre ; mais il est incontestable aussi que dans les deux plus anciennes familles l'ordre naturel de succession se trouve interverti. Si nous ne sommes pas dans l'erreur, des interversions analogues à celles que nous avons signalées, ou tout au moins des renversements d'ordre ont été relevés aussi par M. Mariette sur la fameuse liste royale qu'il a découverte à Memphis et qui, à notre grand regret, n'a pas encore été publiée.

De l'ensemble de ces observations nous pensons que la conclusion à tirer, c'est qu'il faut être extrêmement circonspect dans l'arrangement chronologique des souverains

---

[1] On connaît maintenant le nom de famille de ce monarque ; c'est le papyrus Abbot qui l'a révélé ; il se nommait KA MeS et on le retrouve, mais mal copié ou mal conservé, dans le tombeau de Gournah, découvert par Burton et dessiné par M. Prisse d'Avennes.

d'une série monumentale, toutes les fois que des monuments historiques, tels que les stèles commémoratives, les proscynèmes avec généalogies, comme il y en a plusieurs exemples, ou bien encore tels que le papyrus de Turin, ne viennent pas régler magistralement l'ordre de succession direct. Mais nous ajoutons qu'en thèse générale on peut considérer comme un fait certain que les groupes ne sont pas disjoints et qu'il n'est pas loisible, jusqu'à preuve évidente du contraire, de prendre un nom dans un groupe pour le classer dans un autre.

Cette loi des groupes, que nous venons de signaler, va nous donner une explication qui nous semble bien simple de la situation anormale, en apparence, de quelques rois à la salle des ancêtres. On se rappelle que nous avons vu tout à fait au fond de la première ligne, dans la partie gauche du monument et dans le voisinage de la Ve dynastie, un nom qui se lit RA K̄HeM SMeN TaTi et que l'analogie nous a engagé à considérer comme devant appartenir à la XIIIe. De même, à la quatrième ligne, nous avons trouvé, au premier rang et tout contre la figure de Thouthmès, le roi RA K̄HePeR KA qui est bien certainement de la XIIe ; et tout à fait à droite, au fond de cette même ligne, deux cartouches, dont un très-bien conservé, que son nom RA SNeWeR KA nous a déterminé à classer avec les princes représentés sur la partie droite, par conséquent avec la XIIIe dynastie. Eh bien ! nous pensons que la loi des groupes rend un compte suffisant de la position donnée à ces quatre souverains. RA K̄HeM SMeN TaTI, à la première ligne, de même que RA SNeWeR KA et son voisin de droite, à la quatrième, touchent tous les trois, et d'aussi près que possible, sans y être englobés, à la série des princes réunis sur le tableau général de droite. Ils figurent là, par rapport aux groupes dont ils devraient faire partie, dans une situation absolument semblable à celle que nous avons reconnue pour Rameses II au pourtour de la table à libations de Marseille. De plus, nous ne craignons pas d'affirmer, d'après leurs positions respectives, que RA KHeM SMeN TaTI doit être rangé avec les monarques des premières époques de la série supérieure de droite et que les deux autres doivent appartenir aux derniers temps de la seconde série. Enfin, soit que RA KHePeR KA ait été oublié de prime abord par l'artiste, soit qu'il lui ait été fait une situation à part pour un motif quelconque, celui peut-être d'honorer par un rapprochement avec le chef d'une des plus glorieuses dynasties de l'empire le groupe des princes qui avaient travaillé avec énergie à refaire une royauté nationale, celui de RA SKeNeN et de RA NeB KHeRU; RA KHePeR KA se trouve, lui aussi, dans le voisinage le plus immédiat de sa propre dynastie, qui est rangée à la ligne en dessus. Cette manière d'envisager la position des rois inscrits à Karnac dans des conditions exceptionnelles, bizarres et discordantes, fait disparaître pour nous, de la façon la plus naturelle, toute apparence d'anomalie et reconstitue, en réalité, les groupes dans leur ensemble.

Reprenons encore une fois tous les cartouches qui viennent, à Karnac, à la droite de RA KHePeR KA. Nous lisons, en nous avançant vers le fond de la ligne : RA SKeNeN, SNeKHT eN RA, USeR eN RA, RA NUB KHePeR, RA KHeRU NeB, RA SNeWeR KA, et, enfin, un nom effacé, RA....... Nous avons dit que tous ces souverains étaient postérieurs à la XIIIe dynastie, avec cette réserve que la forme même du prénom RA SNeWeR KA nous déterminait à classer ce cartouche, comme son voisin de droite, dans la série des SeBeK HoTeP et des NeWeR HoTeP. Ces deux cartouches établissent, dans notre opinion, le point de raccordement du tableau de droite avec celui de gauche et nous indiquent peut-être un lien de famille qui rattachait la XIIIe dynastie, voire même la XIVe, si tant est qu'elle soit représentée à Karnac, aux princes qui réussirent, par leur persévérance, à reconstituer l'autorité royale dans une famille du pays.

Quant à RA NeB K̄H̄eRU, qu'on voit souvent sur les monuments dé la XIXe dynastie réuni à RA NeB PaH TI (Aahmes), nous répétons encorē que nous ne pouvons le considérer comme faisant partie de la XIe. Il doit, au contraire, d'après toutes les séries où on le retrouve, appartenir au même groupe que RA SKeNeN, SNeK̄H̄T eN RA et les autres que M. Brugsch considère, à bien juste raison, comme postérieurs à la XIIIe et antérieurs à la XVIIIe dynastie.

Très-probablement RA NeB K̄H̄eRU, dont le nom de famille MeNTU HoTeP nous a été donné définitivement par le papyrus Abbot, rectifiant sur ce point l'orthographe erronée du cartouche MeN eM HoTeP trouvé au tombeau de Gournah [1], fut le premier chef thébain qui tenta de secouer le joug des HYKSOS et qui se constitua en état d'hostilité contre eux en prenant le titre de seigneur des deux contrées, titre cher au cœur des Égyptiens. C'est pour ce motif sans doute que Thouthmès III vénère sa mémoire avec le titre de *Dieu bon,* et qu'il lui fait ses offrandes comme à un roi légitime, par le sang peut-être, mais surtout en sa qualité de chef d'une dynastie qui avait rendu une patrie aux Égyptiens.

Il est permis de supposer que c'est une pensée semblable qui faisait honorer encore par Thouthmès la mémoire du premier ANTeW, bien qu'il n'eût que le titre modeste de eRPA HA. ANTeW ne s'était probable-

---

[1] *Monuments égyptiens,* pour faire suite à l'ouvrage de Champollion jeune, par Prisse d'Avennes, pl. III.

ment point acheminé au trône par un droit qui lui appartînt; mais ce chef hardi avait fait souche et il avait jeté les premiers fondements de la puissance des dynasties thébaines. RA NeB K͞HeRU, de son côté, avait pris d'emblée la couronne ainsi que son nom officiel, Soleil acclamé Seigneur, semblerait l'indiquer; et il avait fait plus encore, car il avait relevé les princes thébains de l'humiliation infligée par les pasteurs à la nation entière depuis quatre siècles, peut-être, à son époque.

Le titre *Seigneur des deux contrées* ne doit point nous en imposer, ni même nous surprendre; il n'implique nullement l'existence de l'autorité de RA NeB K͞HeRU sur l'Égypte du nord. Nous voyons, en effet, que ce titre est donné de même à SNeK͞HT eN RA qui, certes, ne jouissait point de la plénitude du pouvoir sur toute l'étendue du pays, puisque RA SKeNeN, le prédécesseur d'Aahmes, n'étendait son action que sur la Thébaïde, pendant qu'APaPI MeRi SuTeK͞H, le dernier roi pasteur, régnait à HA UAR où il se donnait de son côté les titres fastueux de la double royauté.

Il faut se pénétrer de l'idée que, pour les Égyptiens, les princes thébains étaient les vrais Pharaons, les véritables et légitimes *seigneurs des deux contrées*, et que les HYKSOS n'étaient et ne pouvaient être à leurs yeux que des usurpateurs et d'odieux oppresseurs.

Nous ajouterons encore que la situation de RA NeB K͞HeRU à la procession du Ramesseum, où il vient immédiatement après MeNAI (Ménès) et avant les rois de la XVIIIe dynastie, ne prouve nullement que ce prince ait appartenu à une famille antérieure au temps des HYKSOS; elle établit seulement que Rameses II rappelait sur ce tableau MeNAI comme fondateur de la monarchie égyptienne, et qu'il entendait honorer au même titre la mémoire de RA NeB K͞HeRU, le restaurateur et le fondateur, à nouveau, de cette monarchie [1] reconquise sur les Pasteurs.

On objectera peut-être, à notre manière d'apprécier l'époque de RA NeB KHeRU, ainsi que la position qu'il occupe à la salle des ancêtres, que son nom figure à l'avant-dernière place d'un groupe inscrit sur le fragment 61 du papyrus de Turin, groupe que M. Brugsch identifie avec la XIe dynastie? Sans doute, tout ce que nous avons pu dire croulerait devant cet argument, qui serait sans réplique, si on pouvait affirmer que le nom d'intronisation suffît pour constater l'identité d'un souverain ; mais comme nous pensons avoir prouvé par de nombreux exemples qu'il n'en est point ainsi, nous pouvons considérer l'objection comme de peu de valeur, et nous disons carrément que le nom de RA NeB KHeRU a été porté par deux rois. L'un d'eux appartient à la XIe dynastie, c'est celui du fragment 61 du papyrus ; mais l'autre, celui de la seconde ligne du tableau inférieur de gauche à la chambre de Karnac, celui des tombeaux de Gournah, du papyrus Abbot et de la procession du Ramesseum, celui que nous voyons au pourtour de la table à libations du musée de Marseille, en compagnie d'Aahmes et de RA SKeNeN, ce RA NeB KHeRU reste pour nous le chef de la XVIIe dynastie.

Nous admettons donc que les cinq rois compris à la salle des ancêtres entre RA KHePeR KA et RA SNeWeR KA, sont les contemporains des derniers rois pasteurs.

Il est bien difficile maintenant, avec les extraits tronqués qui nous sont parvenus du texte de Manéthon, de

---

[1] En 1847, M. de Rougé semblait incliner vers l'opinion que RA NeB KHeRU était un personnage remarquable de la XVIIe dynastie. Voir l'*Examen des travaux de M. Bunsen,* tirage à part, p. 41. Extrait des Annales de philosophie chrétienne, de 1847.

savoir si cet annaliste reconnaissait une XVe et une XVIe dynastie de princes thébains contemporains des rois étrangers, et s'il classait les HYKSOS sous la désignation unique d'une XVIIe qui aurait été parallèle aux deux autres. Nous persisterons, comme on l'a fait jusqu'ici en France (et nous croyons qu'on a eu raison de le faire), à ranger dans la XVIIe dynastie les princes thébains qui ont lutté pour l'indépendance de l'Égypte, et nous regarderons tout l'espace de temps compris entre le premier empire, finissant avec la XIVe dynastie xoïte, et le second reconstitué définitivement au commencement de la XVIIIe, comme rempli par la période des HYKSOS, sous le titre de XVe et XVIe dynasties étrangères.

Au point où nous avons amené cette étude, nous croyons avoir séparé d'une manière suffisamment nette, autant du moins qu'il nous a été possible, les souverains de toute la partie gauche de la salle des ancêtres [1], en un certain nombre de groupes bien définis; mais pour la partie droite il ne nous a pas été possible d'arriver au même résultat. Cette partie ne pourrait, en effet, présenter tout au plus qu'une seule coupure, et encore faudrait-il admettre que Thouthmès eût voulu y rappeler la mémoire des princes xoïtes, ce qui ne nous semble rien moins que certain. Tout ce qu'on peut dire, c'est que dans le cas où la XIIIe et la XIVe dynasties auraient été représentées à Karnac, il serait prouvé, par ce fait même, que les deux dynasties n'auraient pas été parallèles. Elles auraient donc été successives et alors le temps écoulé entre la XIIe et l'invasion des HYKSOS s'allonge-

---

[1] Nous appelons partie gauche du monument celle qui reste à la gauche du spectateur quand on regarde le fond de la chambre; d'autres l'appellent partie droite; il suffit de s'entendre.

rait d'autant. Peut-être, à la rigueur, pourrait-on supposer que les commencements de la XIVe auraient coïncidé avec les dernières époques de la XIIIe; que quelques rois xoïtes seulement auraient joui de la plénitude du pouvoir, bien entendu après la fin de la dynastie thébaine; et que les derniers temps de la XIVe n'auraient plus comporté que des prétendants, à partir de l'invasion des HYKSOS. On pourrait scinder ainsi la durée de la dynastie xoïte en trois parts, et on arriverait à expliquer, jusqu'à un certain point, le grand nombre de rois signalés par Eusèbe dans cette famille, *soixante-seize*, en même temps que le petit nombre d'années qu'il leur accorde dans le plus faible de ses deux chiffres, *cent quatre-vingt-quatre ans*. Dans cette hypothèse, Manéthon n'aurait tenu compte que de la durée du pouvoir effectif de cette dynastie malheureuse.

Il est certain que la puissance étendue et incontestable d'un certain nombre de rois de la XIIIe dynastie, nous ferait pencher volontiers vers cette manière d'envisager la fortune des Xoïtes; mais nous repoussons tout à fait l'idée du parallélisme complet. Toujours est-il que dans notre manière de voir et dans l'hypothèse que nous présentons ici comme la plus restreinte, il faut encore compter cinq cent quatre-vingt-quatre ans entre RA SeBeK NeWeRU et l'avénement de Salatis, le premier des HYKSOS. Que si l'on voulait admettre l'intégrité des deux dynasties, en tant que successives, il faudrait alors prendre le second chiffre d'Eusèbe, quatre cent quatre-vingt-quatre ans, le seul qui puisse se concilier avec le nombre de soixante-seize rois, pour la durée de la XIVe dynastie, et au lieu de six siècles d'intervalle, il en faudrait compter neuf entre la fin de la XIIe et l'invasion des Pasteurs.

Quoi qu'il en soit, dans le cas où il y aurait une coupure à faire à la partie droite de la salle des ancêtres, elle ne peut exister que tout à fait en bas, à la deuxième série ; car si Thouthmès a fait inscrire des rois xoïtes sur son monument, il n'en aura sans doute fait représenter qu'un très-petit nombre, et dans cette hypothèse, que nous présentons sans l'admettre, RA SNeWeR KA, de la dernière ligne, du côté gauche, et son voisin, dont le nom est effacé, auraient appartenu à la XIVe dynastie.

Maintenant que nous avons épuisé la discussion des éléments qui composent l'ensemble de la série royale représentée à la salle des ancêtres, nous allons rappeler les faits principaux que nous avons signalés, chemin faisant, en les résumant brièvement dans les quelques propositions suivantes :

1º Le tableau général se décompose en quatre tableaux partiels, dont deux à gauche et deux à droite du monument ;

2º De chaque côté, le tableau inférieur est subordonné comme ancienneté au tableau supérieur ;

3º Les rois inscrits à la seconde ligne de chaque tableau partiel sont de dates plus récentes que ceux inscrits à la première, sauf deux exceptions : une pour RA K̄Hem SMeN TaTI et l'autre pour RA K̄HePeR KA ;

4º Le premier tableau, du côté gauche, contient, à la première ligne, un cartouche de la IIIe dynastie, trois de la Ve et un qui doit être de la XIIIe ; à la seconde, on trouve, au fond, trois cartouches de la VIe ; et ensuite, en se dirigeant à gauche, cinq noms, dont le premier n'est pas entouré d'une ellipse, et n'ayant, ni les uns ni les autres, une légende royale ; c'est la souche de la XIe dynastie ;

5º Le deuxième tableau, du côté gauche encore, présente sur sa première ligne sept cartouches, dont les six plus rapprochés de la figure de Thouthmès appartiennent à la XIIe dynastie; le dernier porte le nom d'ANTeW, il est accompagné du titre royal *Dieu bon;* il est de la XIe. Sur la seconde, il y a huit cartouches; le premier, à gauche, appartient à RA K̄H̄ePeR KA de la XIIe; les cinq suivants sont de la XVIIe et les deux derniers, à droite, de la fin de la XIIIe, à moins qu'on ne veuille les considérer comme représentant la XIVe dynastie;

6° Les deux tableaux de droite ne contiennent que des princes de la famille des SeBeK HoTeP et des NeWeR HoTeP; dans notre opinion ils appartiennent l'un et l'autre à la XIIIe dynastie. Sous le rapport chronologique, la série supérieure vient immédiatement après RA SeBeK NeWeRU, la reine Skemiophris de Manéthon; et le second se soude à la deuxième ligne de la série inférieure de gauche par les deux cartouches du fond de cette même ligne dont celui qui est conservé se lit RA SNeWeR KA.

Conclusion. — Les dynasties représentées à Karnac sont les suivantes : Ire?, IIIe, Ve, VIe, XIe, XIIe, XIIIe, XIVe (très-douteux) et XVIIe.

Après avoir terminé l'analyse du tableau généalogique de Thouthmès, il nous reste à examiner quelles réflexions peut suggérer la disposition même des différents groupes que nous y avons reconnus, et quelles sont les conséquences à déduire de la commémoration des dynasties qui s'y trouvent inscrites.

Cet examen va nous conduire à étudier tout particulièrement deux époques critiques qui ont signalé l'existence du premier empire égyptien. L'une correspond à la période de temps écoulé entre la VIe dynastie et la XIIe; et l'autre, connue sous le nom de domination des HYKSOS, embrasse tout l'intervalle qui sépare la XIIIe dynastie de la XVIIIe.

On se rappelle peut-être que nous avons attribué, mais sous toute réserve, au roi Ménès le cartouche effacé qui précède, à la salle des ancêtres, celui de SNeWeRU. Il y a lieu, cependant, de croire cette supposition fondée; car on concevrait difficilement qu'un roi qui se glorifiait lui-même dans ses ancêtres et qui rattachait ses souvenirs dynastiques aux plus anciennes familles, puisqu'il remontait jusqu'à la IIIe, n'eût point rappelé la mémoire du fondateur de la monarchie. Pourtant, en acceptant cette hypothèse, on voit encore que ni la IIe ni la IVe n'ont pas de représentants à Karnac. Une note de Manéthon, rapportée par Africain, peut, jusqu'à un certain point, nous expliquer l'omission absolue de la seconde dynastie : « Sous ces neuf souverains, nous dit-il, rien ne fut accompli qui soit digne de mémoire. » Quant à la IVe, nous ne nous expliquons pas son absence, si ce n'est peut-être par l'aversion profonde que les Égyptiens avaient conservée pour la mémoire de K̄HUWU et de S'A W RA, les fondateurs des deux plus grandes pyramides. Néanmoins, comme le souvenir de MeN KAU RA (Mycerinus) a été vénéré en Égypte à toutes les époques, il ne serait pas impossible que son nom eût figuré dans l'un des deux cartouches effacés qui suivent celui d'ASSA ; mais alors on voit combien peu l'ordre des groupes serait régulier, puisque nous aurions sur la même ligne, et dans l'ordre suivant, des rois des Ire?, IIIe, V^e, IVe? et XIIIe dynasties. Quoi qu'il en soit de la représentation réelle ou imaginaire de la Ire et de la IVe, il est un fait constant, c'est qu'après la VIe dynastie le tableau passe sans transition aucune aux princes qui ont été les auteurs de la XIe.

Quel a pu être le motif de cette suppression de quatre familles, qui ont régné cependant?

Manéthon nous représente la VIIe dynastie comme composée de soixante et dix rois (peut-être n'y en avait-il, en réalité, que cinq, suivant le texte d'Eusèbe) ayant régné soixante et dix jours. Évidemment, cette dynastie n'est comptée que pour mémoire, et la durée éphémère qui lui est attribuée vient confirmer le récit d'Hérodote [1]. Selon cet historien, Menthousouphis, après un an de règne, fut mis à mort par les Égyptiens, qui déférèrent la couronne à sa sœur Nitocris. Sous prétexte d'une fête, cette reine sut attirer les principaux conjurés dans une salle souterraine, qu'elle avait fait construire exprès, et elle les y réunit à un banquet splendide. Mais, pendant les joies du festin, elle fit introduire brusquement l'eau du fleuve qui les noya tous. Par cette ruse elle vengea la mort de son frère; ensuite de quoi, pour échapper aux dangers dont elle se sentait menacée, Nitocris se fit mourir elle-même. Que cette histoire soit vraie ou non dans ses détails, toujours est-il qu'on peut inférer de la durée insignifiante de la VIIe dynastie, que les chefs qui sont censés en avoir fait partie, ne peuvent être considérés que comme des conspirateurs qui forcèrent Nitocris à se donner la mort, et que leur pouvoir usurpé s'évanouit bientôt après pour faire place à l'autorité légitime de NeWeR KA, fils d'APAP. En effet, le papyrus de Turin nous force à reconnaître que la VIe dynastie eut encore une durée de neuf ans et quatre mois, à répartir entre quatre règnes à la suite de celui de Nitocris.

Tous les égyptologues qui se sont occupés de la chronologie pharaonique sont arrivés sensiblement au même résultat pour la période comprise entre la VIe et la XIe dynastie de Manéthon, et généralement ils admettent des dynasties parallèles dans cet intervalle. Il est donc tout

---

[1] Hérodote, L. II, chap. 100.

naturel que nous nous arrêtions un instant sur la remarquable discussion de M. Brugsch au sujet des familles qui sont à intercaler entre ces deux termes [1].

Ce savant distingué met en évidence que, d'accord avec Manéthon, le papyrus de Turin (fragment 34) désigne UNAS comme le dernier roi d'une dynastie qui ne peut être que la Ve; et qu'ensuite les fragments cotés 43, 61, 44 et 59 permettent de reconstituer dans leur intégrité, quant au nombre de souverains, les VIe, VIIe? et VIIIe dynasties. Effectivement, d'après son système, qui nous paraît très-judicieusement établi, le fragment 59 donne les durées de règnes des cinq premiers rois d'une famille dont le quatrième a occupé le trône pendant plus de quatre-vingt-dix ans. Évidemment un règne aussi long ne peut avoir appartenu qu'à Phiops, le roi centenaire de Manéthon, qui est précisément aussi le quatrième souverain de sa VIe dynastie, qu'on a justement assimilé au MeRi RA APAP des monuments. Vient ensuite le fragment 61 qui continue de relater les durées de quatre règnes, avec une déchirure qui permet d'en intercaler un après le cinquième du fragment 59. On trouve ainsi dix règnes pour la dynastie à laquelle appartient Phiops, c'est-à-dire pour la VIe. D'un autre côté, le fragment 43 nous livre quatre noms dont le premier, NeT AKRI T, est caractérisé par l'indice du féminin T. Or, comme NeT AKRI, *reine*, ne peut être assimilé qu'à la reine Nitocris de Manéthon, sixième et dernier souverain cité de la famille à laquelle appartient Phiops, il est certain que ce fragment 43 reproduit les noms qui auraient dû venir à la suite du cinquième roi de la VIe dynastie du prêtre égyptien, si elle nous avait été donnée complète. Le fragment 44 arrive à son tour pour se relier, d'une manière

[1] Brugsch, *Histoire d'Égypte*, p. 43 et suiv., pl. III.

toute naturelle, par trois lignes de résumé chronologique avec trois lignes correspondantes du fragment 61 ; et, comme il donne au-dessus du résumé les traces d'un nom qui, malheureusement, n'est plus lisible, il complète lui-même à dix les noms des rois de la VIᵉ dynastie. Enfin un grand fragment, coté 47 (avec un point de doute?), a dû contenir neuf cartouches dont les noms ou les traces sont manifestes pour huit, tandis que le neuvième ne se révèle que par un espace qui existe entre le roseau bien visible du titre SuTeN K̄H̄eB du premier roi dont le nom est détruit, et le cartouche encore intact du troisième, qui se lit RA NeWeR KA.[1]. En combinant ce fragment avec ceux cotés 59, 61 et 63, on arrive à intercaler, entre la VIᵉ et la XIIᵉ dynastie, deux groupes, dont l'un a dû contenir dix-sept noms, après lequel on voit le commencement d'un résumé qui permet encore de lire : « Somme des rois dix-sept...... », et dont l'autre n'a compté que six cartouches.

D'après cet arrangement auquel est arrivé M. Brugsch, arrangement qui a singulièrement de chances pour être le bon, on voit que le canon de Turin donnait à la VIᵉ dynastie dix rois, qu'ensuite il comptait une famille de dix-sept souverains, puis une autre de six, après laquelle il passait à la XIIᵉ dynastie. Ces deux groupes intermédiaires doivent donc correspondre aux VIIᵉ? VIIIᵉ, IXᵉ, Xᵉ et XIᵉ dynasties de Manéthon ; mais là où le canon ne comptait que deux familles, il est certain que Manéthon en a signalé cinq.

M. Brugsch rend compte de cette anomalie en admettant, pour cette époque, des dynasties parallèles. A son avis la VIIᵉ n'existe pas, ou plutôt il ne la considère que

---

[1] Voir, pour l'intelligence de ce passage, l'*Histoire d'Égypte* de M. Brugsch, p. 19 et pl. III, col. V et VI.

comme la mention de quelques conjurés qui usurpèrent
un instant le pouvoir pendant les troubles qui ont accompagné la fin de la VIe dynastie, vers le temps de Menthousouphis et de Nitocris. Après la VIe il compte immédiatement
la VIIIe, qu'il considère comme légitime et continuant la
succession des rois memphites. Mais, vers la dix-huitième
année d'APAP MeRi RA (Phiops), une nouvelle famille de
princes héracléopolitains aurait, selon lui, divisé l'empire
en s'établissant dans la Thébaïde, sous Achtoës, le roi le
plus cruel dont l'Égypte eût conservé le souvenir. Après
lui trois autres rois, ses successeurs, complétèrent la
IXe dynastie, dont la durée totale fut d'un siècle [1]. La
Xe, héracléopolitaine, vint ensuite, et elle continua de
gouverner la haute Égypte sous dix-neuf rois, qui occu-
pèrent le trône pendant cent quatre-vingt-cinq ans.

Pendant que les Héracléopolitains étaient maîtres de la
Thébaïde et que la VIIIe dynastie memphite continuait de
régner dans le Delta, une autre famille, originaire de la
vallée d'Hamamat, s'élevait peu à peu et augmentait
incessamment son influence; c'était la famille des ANTeW
et des MeNTU HoTeP. Par son habileté et sa persévérance
elle marcha de succès en succès et finit par conquérir
une prépondérance telle qu'elle réussit enfin à se substi-
tuer tout à la fois aux Héracléopolitains et aux Memphites.

M. Brugsch appuie son raisonnement de la comparaison
des durées des dynasties, qu'il regarde comme contemporaines, et son hypothèse semble confirmée, en quelque
sorte, par le texte même des extraits de Manéthon. Effectivement on voit qu'après la VIIIe dynastie, dans la version
d'Africain comme dans celle d'Eusèbe, l'annaliste fait un

---

[1] Voir Eusèbe : « IXe dynastie, quatre rois héracléopolitains qui
régnèrent un siècle », dans Georges le Syncelle.

résumé chronologique de tous les règnes des huit premières familles, et ce n'est qu'après ce résumé qu'il donne les IXe, X^e et XIe dynasties, qui sembleraient ainsi former un comput tout à fait à part, si, après le règne d'Amenemes, il ne faisait, pour terminer son premier livre, un nouveau résumé où il compte en bloc cent quatre-vingt-douze rois pour une période totale de deux mille trois cents ans et deux mois.

Nous transcrivons ci-après le tableau comparatif de M. Brugsch et la conclusion qu'il en tire [1] :

DYNASTIES DE MEMPHIS.		DYNASTIES D'HÉRACLÉOPOLIS.	
VIIe, 5 rois...............	70 jours.	IXe, 4 rois.................	100 ans.
VIIIe, 17 rois............	146 ans.	X^e, 19 rois...............	185 —
XIe, 6 rois...............	43 —		
	189 —		285 —

« La scission de l'empire égyptien en deux royaumes » eut donc lieu quatre-vingt-seize ans (285 moins 189) » avant le commencement de la VIIIe dynastie. »

La différence entre les deux nombres 285 ans, durée des familles héracléopolitaines, et 189, durée des VIIIe et XIe dynasties, amène le savant égyptologue à conclure que l'empire a dû être scindé quatre-vingt-seize ans avant l'avénement de la VIIIe dynastie, et conséquemment il reporte cet événement vers la dix-huitième année du règne d'APAP, en considérant comme bon le chiffre de deux cent trois ans que Manéthon donne pour la durée de la VIe dynastie.

Un fait bien certain, c'est que la chambre des rois de Thouthmès, pas plus que la table d'Abydos de Ramses II, ne reproduisent aucun nom qu'il soit possible d'attribuer à la VIIIe dynastie. Après TeTA, APAP et MeRi eN RA

[1] Brugsch, *Histoire d'Égypte*, p. 49 et 50.

la salle des ancêtres nous montre immédiatement la famille des ANTeW ; et des quatorze cartouches qu'on peut lire à la première ligne de la table d'Abydos, pas un seul, si ce n'est celui de RA NeWeR KA, qu'on rencontre assez souvent à cette époque, ne peut, suivant l'observation de M. Brugsch, se comparer à ceux qui appartiennent, dans le canon de Turin, au groupe qu'il identifie avec la VIII⁰ dynastie.

Nous venons d'exposer sommairement le système du savant docteur de Berlin ; nous l'avons étudié avec toute l'attention qu'il mérite et nous croyons bien qu'il est dans le vrai. Pourtant nous ne pouvons pas l'accepter dans son entier ; nous voudrions y apporter quelques modifications ; c'est une témérité peut-être. Voici nos raisons :

Les derniers rois de la famille des ANTeW, ceux qui ont précédé immédiatement la XII⁰ dynastie, semblent avoir joui, au dire même de M. Brugsch [1], d'une plénitude de pouvoir qu'il serait difficile de concilier avec un dénombrement de l'empire. Ils ont dominé toute la vallée du Nil ; et la puissance des Héracléopolitains avait dû s'effacer devant la leur. La X⁰ dynastie a donc dû prendre fin vers l'époque de ces derniers ANTeW, et c'est probablement pour ce motif que Manéthon n'accorde à sa XI⁰ dynastie qu'une durée de quarante-trois ans, bien qu'il la compte pour seize rois. Nous pensons que ces quarante-trois ans, qu'il nous répugne de répartir en seize règnes, représentaient les années de puissance absolue écoulées pour la XI⁰ dynastie, après la fin de la X⁰.

D'un autre côté, la mention faite par Thouthmès, à la salle des ancêtres, du nom de MeRi eN RA, le successeur

---

[1] Brugsch, *Histoire d'Égypte*, p. 51, 52.

d'APAP, ne nous permet pas non plus d'accepter dans son intégrité l'opinion de M. Brugsch, et d'admettre la disjonction de l'empire comme un fait accompli dès la dix-huitième année du règne d'un monarque qui a porté la couronne tout près d'un siècle. L'insertion faite par Manéthon du règne de Nitocris dans la VIe dynastie ne nous confirme pas moins dans la pensée que les Héracléopolitains n'eurent la force de disloquer le royaume, que lorsque la famille des Memphites eût été suffisamment affaiblie par des conjurations et des troubles sanglants qui concordent parfaitement avec le peu de durée des six derniers règnes[1]. Enfin nous trouvons encore un argument de plus en faveur de cette hypothèse dans le silence absolu gardé par l'annaliste sur les noms de tous les rois de la VIIIe dynastie, alors qu'il cite précisément celui du féroce fondateur de la IXe. Évidemment les princes de la VIIIe s'effaçaient devant la triste célébrité de leur redoutable antagoniste.

Nous serions donc tout disposé, en acceptant l'idée fondamentale de M. Brugsch, à ne compter qu'après la fin de la VIe dynastie, l'élévation de la IXe famille, dite héracléopolitaine, dans la haute Égypte, pendant un siècle; et nous aurions ensuite la Xe avec dix-neuf rois pour une période de cent quatre-vingt-cinq ans.

Nous ferions marcher parallèlement toute la VIIIe dynastie, pendant cent quarante-six ans, et nous aurions enfin la famille des ANTeW s'élevant peu à peu entre les Héracléopolitains et les derniers princes memphites,

---

[1] Vingt-deux ou vingt-trois ans au maximum, en accordant à Nitocris les douze années qui lui sont attribuées par Manéthon. Le papyrus de Turin compte ainsi : cinquième roi, un an; sixième, Netakri, ..?...; septième, Newerka, deux ans; huitième, Neweres, quatre ans; neuvième, Ab....., deux ans; et dixième, ..., un an. Nous omettons les mois, qui font une demi-année environ.

profitant de l'affaiblissement des uns et des autres et finissant par concentrer dans ses mains l'unité du pouvoir pour un espace de quarante-trois ans, à partir de la chute de la Xe dynastie; ce qui nous donnerait le tableau suivant :

VIIIe DYNASTIE MEMPHITE.

17 rois. Ils règnent 146 ans.

La durée de cette dynastie se décompose en deux époques :

Une première de cent ans, qui correspond à la durée de la IXe;

Et une seconde de quarante-six ans, qui marche parallèlement avec le commencement de la Xe.

La famille des ANTeW s'élève peu à peu, et pendant cent trente-neuf ans d'opposition aux rois héracléopolitains, elle gagne assez d'influence pour constituer la

IXe DYNASTIE HÉRACLÉOPOLITAINE.

4 rois. Ils règnent 100 ans.

Xe DYNASTIE HÉRACLÉOPOLITAINE.

19 rois. Ils règnent 185 ans.

Les premiers règnes sont, pendant quarante-six ans, en parallélisme avec la fin de la VIIIe, et pour tout le reste du temps cette famille est parallèle à celle des ANTeW; cette seconde période de son existence dure 139 ans.

XIe DYNASTIE THÉBAINE,

Qui se substitue à la Xe. Elle concentre dans ses mains la souveraineté sur toute la vallée du Nil. A partir de cette époque elle compte six rois, et elle dure 43 ans.

A l'aide de ce tableau on comprend aisément que les ANTeW ont pu succéder, même légitimement, aux princes memphites pendant une période de cent trente-neuf ans, mais très-vraisemblablement en état d'hostilité plus ou moins prononcé avec la Xe dynastie, qui régnait dans le sud.

Un fait certain, c'est qu'on trouve à Thèbes la preuve irrécusable du séjour des ANTeW; il faut donc admettre qu'à une époque quelconque la Xe dynastie s'est effacée complétement devant eux, peu importe le moment.

Ainsi, d'après notre manière de voir, nous compterions depuis le commencement de la VIIIe dynastie, immédiatement après la VIe, et jusqu'à l'avénement d'Amenemes Ier, un laps de trois cent vingt-huit ans.

Cette manière d'envisager les faits, que nous reconnaissons volontiers n'avoir pas plus de valeur que celle d'une hypothèse, a du moins l'avantage de donner une importance réelle à la famille des ANTeW et de légitimer la prédilection bien marquée de Thouthmès pour une maison qui avait fourni une carrière toujours croissante de prospérité et de grandeur pendant deux siècles, depuis son premier chef, eRPA HA ANTeW, jusqu'à l'accession au trône de Amenemha Ier. Durant cette période, son pouvoir, grandissant constamment par son hostilité même avec les Héracléopolitains de la Xe dynastie, finit par déterminer la chute de cette dernière famille et par concentrer dans la main d'un ANTeW ou d'un MeNTU HoTeP l'autorité absolue sur l'Égypte entière. En constituant une puissante dynastie, que l'annaliste égyptien ne compte cependant que pour quarante-trois ans de durée, cette illustre maison avait bien réellement acquis des droits aux hommages et à la vénération de Thouthmès qui se rattachait à elle, selon toute apparence, par les liens du sang.

Nous avons dit qu'à la salle des ancêtres on ne trouvait aucun nom qui pût avoir appartenu à la VIIIe dynastie, nous devons naturellement en conclure que Thouthmès avait écarté ce groupe tout entier, soit qu'il le considérât comme indigne de mémoire pour s'être laissé enlever une partie de la royauté, soit, peut-être, qu'il n'y comptât point d'aïeux. Il a écarté de même de son tableau généalogique tous les souverains des IXe et Xe dynasties; mais ceux-ci l'ont été sans doute parce qu'ils n'étaient, à ses yeux, que des usurpateurs. Sur la table d'Abydos, qu'on peut considérer comme le tableau de famille de Rameses II, on voit au contraire que ce grand conquérant a rappelé la mémoire d'une série de princes que M. Brugsch considère comme les représentants des deux familles d'Héracléopolis. Ce fait, en le supposant exact, ce qui, du reste, est très-vraisemblable, tendrait à prouver qu'à l'inverse de Thouthmès, Ramses Meïamoun avait en grande estime les rois héracléopolitains, soit qu'ils aient été des ancêtres pour les Ramessides, soit que ces princes aient été les premiers qui eussent fixé, à Thèbes, le siége de la monarchie, ou peut-être même encore pour ces deux motifs réunis.

Ce qui est hors de doute, c'est l'absence, à la chambre de Karnac, des VIIIe, IXe et X^e dynasties. Cette lacune considérable, et bien évidemment intentionnelle, donne une très-grande vraisemblance à l'hypothèse du parallélisme des deux dynasties d'Héracléopolis avec la VIIIe, à laquelle aurait succédé la famille des ANTeW, devenue ultérieurement la XIe dynastie.

C'est sur les princes de cette maison que Thouthmès paraît avoir reporté plus particulièrement ses souvenirs de prédilection, puisqu'il adresse ses hommages, non pas seulement à des rois, mais bien à de simples chefs, eRPA HA. Il faut donc admettre que ces chefs étaient de famille illustre, et la place qu'il leur a assignée dans son tableau, immédiatement après la VIe dynastie, nous disposerait à croire qu'ils descendaient de la famille d'APAP. Après eux Thouthmès adressait ses offrandes à la XIIe dynastie, la plus glorieuse du premier empire, puis ensuite à la XIIIe, qui se rattachait à la précédente par un mariage avec la reine RA SeBeK NeWeRU. Mais a-t-il fait figurer à Karnac la XIVe xoïte, ou bien l'a-t-il éliminée comme les deux dynasties d'Héracléopolis ? Nous avons déjà dit que nous penchions davantage pour cette seconde hypothèse, et nous croyons très-fort qu'il n'y a réellement que des rois thébains sur toute la partie droite de la chambre des ancêtres.

Mais alors une chose nous étonne et nous avouons tout simplement notre insuffisance à l'expliquer ; c'est l'extension énorme que Thouthmès a donnée à la représentation de la XIIIe dynastie. Elle compte, en effet, trente cartouches et plus probablement encore, trente-trois à elle seule, tandis que les sept ou huit familles qui figurent à la partie gauche du monument n'en ont que vingt-huit pour les rappeler toutes.

Cette singulière exagération en faveur de la XIIIe dynastie ne pourrait-elle pas donner à penser que Thouthmès rattachait son origine d'une manière plus spéciale et par une filiation en quelque sorte directe aux NeWeR HoTeP et aux SeBeK HoTeP, arrivés au trône par une alliance avec l'héritière légitime des rois de la XIIe? Peut-être même devons-nous chercher dans cette parentée plus étroite, le motif qui l'a déterminé à réunir dans un même tableau à part tous ces rois dont il était le glorieux rejeton.

Il n'est pas sans intérêt de comparer, ici, la manière dont Thouthmès III et Ramses Meïamoun ont manifesté leur vénération pour les dynasties qui les avaient précédés. Puissants et vaillants tous les deux, le premier a consacré un monument à ses ancêtres à Karnac, et le second a fait dresser à Abydos une table commémorative de ses prédécesseurs. Thouthmès a répudié le souvenir des Héracléopolitains et glorifié la XIIIe dynastie. Ramses, au contraire, a vénéré la mémoire des IXe et X^e et il a répudié celle de la XIIIe. Nous ne pensons pas nous tromper en disant que par l'un comme par l'autre c'est la voix du sang qui a été écoutée. Le sang rattachait Thouthmès à la XIIIe dynastie et le sang rattachait Ramses aux familles d'Héracléopolis. Pour Thouthmès les Héracléopolitains étaient probablement des usurpateurs qui avaient supplanté les Memphites, et pour Ramses les rois de la XIIIe dynastie n'étaient peut-être que des intrus qui s'étaient greffés sur la XIIe par un mariage.

Quelles qu'aient été, du reste, les sympathies ou les répulsions de ces deux illustres Pharaons, ce qui est incontestable c'est qu'ils ont vénéré, l'un et l'autre, les princes de la XIIe dynastie, avec cette réserve cependant que Ramses a supprimé sur son monument le nom de la reine Skemiophris (RA SeBeK NeWeRU), qui avait porté le sceptre dans la famille des SeBeK HoTeP et des NeWeR HoTeP, et qu'ils ont rendu hommage tous les deux à RA NeB KHeRU. On pourrait même ajouter que Ramses a manifesté, plus énergiquement encore, sa vénération pour ce roi, par la place tout à fait hors ligne qu'il lui a faite à la procession du Ramesseum [1], presqu'à l'égal de Ménès, le fondateur de toute la monarchie égyptienne.

Au risque de tomber dans des redites, nous voulons insister encore une fois sur ce roi RA NeB KHeRU, que nous persistons à ranger dans la XVIIe dynastie, malgré qu'il ait été classé dans la XIe par des hommes dont les enseignements ont toutes nos sympathies, mais auxquels nous voulons résister pour cette fois.

Nous avons dit que RA NeB KHeRU, de la salle des ancêtres, ne pouvait pas être le même que RA NeB KHeRU, du papyrus de Turin, et nous maintenons cette assertion.

Qu'on suppose, en effet, pour un instant, l'identité de ces deux rois et leur unification dans un même personnage. RA NeB KHeRU, alors, sera un prince de la famille des ANTeW, un de ces rois qui auront substitué la XIe

---

[1] Voir la planche 129 bis, *Monuments d'Égypte et de Nubie*, vol. II, par Champollion jeune.

dynastie à la Xe, à une dynastie héracléopolitaine qui régnait à Thèbes, suivant l'opinion de M. Brugsch [1].

Comment expliquera-t-on, dans ce cas, que Ramses II, s'il rattachait ses souvenirs d'origine aux princes d'Héra-cléopolis, ait en même temps vénéré, avec une prédilection et une piété toutes spéciales, un roi dont le père ou l'aïeul aurait ruiné leur puissance que lui, Ramses, regardait à coup sûr comme légitime?

Évidemment le fait n'est point admissible, il y aurait là une inconséquence par trop choquante.

Non, le RA NeB KHeRU du tombeau de famille d'Amenophis Ier, celui qu'on voit sur des monuments qui appartiennent, bien évidemment, à la XIXe dynastie, celui qu'on rencontre toujours associé aux princes qui ont lutté pour reconquérir l'indépendance de la terre égyptienne, ne peut pas être un roi de la famille des ANTeW. Il appartient nécessairement au groupe où nous le voyons toujours, et qui précède immédiatement la XVIIIe dynastie.

Remarquons encore que sur la table à libations du musée de Marseille RA NeB KHeRU, réuni, comme d'ordinaire, avec RA SKeNeN et SNeKHT eN RA, a, pour bien dire, son cartouche accolé à celui d'Aahmès. Sans attacher trop d'importance à la place ainsi faite à son nom, nous ne pouvons pas cependant laisser passer, sans le signaler, un rapprochement qui semble intentionnel et rappeler la parenté si bien indiquée au tombeau de Gournah. La table à libations, du reste, a été construite et consacrée du vivant peut-être de Ramses II, et au plus tard, très-certainement, sous le règne de son fils, MeRi eN PTaH HoTeP Hi MA. Sur cette table on ne trouve que des rois des XIXe, XVIIIe et XVIIe dynasties, abstraction faite de RA NeB KHeRU. Peut-on admettre

<hr>

[1] Brugsch, *Histoire d'Égypte*, p. 48, 49 et 50.

qu'on y ait introduit exceptionnellement un roi de la XIᵉ, un roi du premier empire, quand elle semble, au contraire, dédiée à la mémoire des rois restaurateurs de la puissance égyptienne? Pour nous il y a évidence, on ne saurait voir sur cette table précieuse la mention d'aucun souverain antérieur aux HYKSOS.

Donc le RA NeB K̄H̄eRU de la chambre des ancêtres, le RA NeB K̄H̄eRU si vénéré par Ramses II et par les premiers rois de la XVIIIᵉ dynastie, celui dont Amenhotep Iᵉʳ semble revendiquer la parenté, est un prince très-peu éloigné, pour le temps, des Amenhotep et des Thouthmès. RA NeB K̄H̄eRU a été glorifié comme restaurateur de la royauté égyptienne, usurpée si longtemps par les chefs pasteurs, et c'est à ce titre qu'il figure au Ramesseum, immédiatement après Ménès, pour exprimer qu'il était le fondateur du second empire, comme Ménès avait été le fondateur du premier.

Il ne nous reste plus maintenant à examiner que la période des HYKSOS qui doit s'intercaler entre la fin de la XIVᵉ dynastie et le commencement de la XVIIIᵉ.

D'accord avec Manéthon, les monuments[1] nous fournissent la preuve irrécusable que la XVIIIᵉ a été précédée immédiatement par les HYKSOS ou rois pasteurs, et tout à la fois par des princes thébains, qui avaient entrepris de reconstituer l'empire en luttant contre les étrangers. Ils nous montrent que RA SKeNeN, prédécesseur d'Aahmès, qui gouvernait la région du sud, était le HaK de la Thébaïde, pendant qu'APaPI MeRi SuTeK̄H̄, le dernier roi des

---

[1] Mémoire de M. de Rougé sur le tombeau d'Aahmès, fils d'Abana ; *Histoire d'Égypte,* par M. Brugsch, p. 80 et 81.

pasteurs, résidait à Ha UAR [1], et recevait les tributs du pays entier. Un papyrus du musée britannique, dont M. Brugsch a donné des extraits dans son *Histoire d'Égypte*, s'explique, sur ce point, de la manière la plus catégorique, car on y trouve le passage suivant :

« Il arriva que le pays d'Égypte tomba aux mains des
» aad tou (ennemis?) et personne ne fut roi (du pays
» entier) à l'époque où cela arriva. Et voici que le roi
» Ra seqenen fut seulement un haq de la haute Égypte.
» Les aad tou étaient dans la forteresse du soleil (Hélio-
» polis) et leur chef, Ra apepj as, à Ha ouar (Avaris). Le
» pays entier lui était tributaire, en faisant ses services
» complets, de même qu'il apportait toutes les bonnes
» productions de la basse Égypte. Le roi Apepj as se
» choisit le Dieu Soutech comme seigneur et ne fut pas
» serviteur d'aucun autre Dieu existant dans le pays en-
» tier...... Il lui bâtit un temple en bon travail durant à
» toujours » [2].

[1] On a découvert à Tanis une statue en granit, qui porte sur l'épaule gauche les deux cartouches d'APaPI, son prénom officiel et son nom de famille accompagné du titre MeRi SuTeKH, aimé de Soutekh. Plus tard, cette même statue a été usurpée par Rameses II, dont elle porte aussi les cartouches (Brugsch, *Histoire d'Égypte*, p. 79). C'est à M. Mariette qu'on doit la découverte de ce monument précieux, bien que brisé. C'est aussi M. Mariette qui a signalé le premier à l'attention du monde savant les usurpations de colosses faites d'abord par les HYKSOS sur les rois des XIIe et XIIIe dynasties, et pratiquées ensuite sur les HYKSOS eux-mêmes par les rois des XVIIIe et XIXe dynasties. (Voir la *Revue archéologique*, année 1861.)

[2] Tout ce paragraphe est extrait de M. Brugsch, dans son *Histoire d'Égypte*, p. 78. Pour être juste, nous devons ajouter que c'est M. de Rougé qui a traduit le premier ce document, de la plus haute importance. C'est donc à lui que revient le mérite d'avoir établi le parallélisme de RA SKeNeN et d'APaPI, de même que l'identité d'Avaris et de Tanis. Déjà, vers le mois

Ce récit met, de la manière la plus complète, RA SKeNeN en parallélisme avec APaPI MeRi SUTeKH̄ et nous donne, en même temps, la preuve irrécusable de l'identité d'Avaris avec Tanis. On sait, en effet, que tous les monuments de Tanis portent, comme indication de localité, le groupe [hiéroglyphes] qui s'abrége souvent ainsi [hiéroglyphes] et se prononce Z'aN. Or, comme le papyrus du musée britannique donne le nom de la résidence du roi APaPI, écrit phonétiquement [hiéroglyphes] Ha UAR, avec le groupe habituel de la localité, Z'aN [1], il faut bien que Ha UAR et Z'aN ne soient qu'une seule et même ville et que la résidence du roi APaPI soit l'Avaris où Manéthon nous dit que les HYKSOS avaient concentré toutes leurs forces et tous leurs trésors. Joseph ajoute qu'Avaris était jadis la ville de Typhon [2]; cette remarque s'accorde parfaitement avec le récit du papyrus, qui nous apprend qu'APaPI avait fait construire dans Ha UAR un temple à son Dieu, SuTeKH̄. SuTeKH̄, SeT et Typhon sont, en effet, trois noms différents qui se rapportent tous à la même divinité.

de mars 1859, il avait eu l'extrême obligeance de nous communiquer les passages les plus saillants de ce manuscrit précieux, dont il avait fait une étude approfondie dès 1858. M. Goodwin a fait aussi, de son côté, une traduction de ce manuscrit, qui est un véritable monument historique.

[1] C'est à la bienveillante obligeance de M. de Rougé que nous sommes redevable de cette double orthographe qui emporte la certitude pour l'identification de Tanis et d'Avaris. Voir, du reste, pour la prononciation du signe qui représente le nom de Z'aN la lettre à M. Alfred Maury, du 15 octobre 1847. *Revue archéologique*, même année, note 27.

[2] Flavius Joseph, vol. II, réponse à Apion, L. Ier, chap. 26, p. 359, édition de Firmin Didot.

Joseph nous dit encore, en citant le texte de Manéthon, que les rois de la Thébaïde et du reste de l'Égypte [1], entreprirent une guerre acharnée contre les Pasteurs après cinq cent onze ans d'oppression. Ceci s'applique à la dernière période du pouvoir des HYKSOS, et ces rois, dont il parle, doivent être, à coup sûr, les princes que nous avons rangés dans la XVIIe dynastie. L'existence de deux séries parallèles de rois, immédiatement avant la XVIIIe dynastie, est donc un fait avéré par le témoignage de Manéthon et confirmé par le papyrus du musée britannique. Mais, du récit de Joseph, il résulte clairement qu'il n'y a eu de chefs indigènes dans la haute Égypte, qu'assez longtemps après l'invasion des HYKSOS, dont l'apparition fut accompagnée tout d'abord d'une détresse et d'un effroi indescriptibles de toute la race égyptienne. Il nous montre, en effet, les rois pasteurs partagés en deux groupes nettement définis : dans le premier, il compte six rois, qu'il désigne par leurs noms; ils ont régné deux cent soixante et un ans, pendant lesquels ils ont poursuivi à outrance l'extermination du pays tout entier; dans le second, il ne nomme plus personne, mais il lui attribue une durée de deux cent cinquante ans avant d'aboutir à la guerre. C'est de ce deuxième groupe que les rois thébains ont été les contemporains et les antagonistes.

Voilà ce qu'on peut conclure du récit de Joseph; nous allons voir maintenant ce que disent Africain et Eusèbe pour cette portion des annales égyptiennes.

Dans Africain nous trouvons :

1º Une XVe dynastie, composée de six rois pasteurs qui ont régné deux cent quatre-vingt-quatre ans; il en donne

[1] Flavius Joseph, édition de Firmin Didot, vol. II. Réponse à Apion, L. Ier, chap. 14, p. 344 et 345.

la liste. Elle diffère un peu de celle de Joseph, tant pour les noms que pour les durées des règnes ;

2° Une XVIe, composée de trente-deux rois pasteurs grecs, qui a duré cinq cent dix-huit ans ;

3° Une XVIIe, composée de quarante-trois rois pasteurs et de quarante-trois rois thébains qui ont régné simultanément pendant cent cinquante et un ans.

Eusèbe, de son côté, mentionne :

1° Une XVe dynastie de rois diospolitains, avec une durée de deux cent cinquante ans ;

2° Une XVIe, de cinq rois thébains, avec cent quatre-vingt-dix ans d'existence ;

3° Une XVIIe, de rois pasteurs étrangers, frères des Phéniciens, qui s'emparèrent de Memphis. Cette dernière a duré cent six ans.

Il est évident qu'il est impossible de mettre d'accord ces deux systèmes qui ont, l'un et l'autre, la prétention de reproduire Manéthon ; aussi, sans chercher à concilier les deux versions, nous essayerons tout simplement de mettre à profit les indications qu'elles nous donnent, toutes contradictoires qu'elles paraissent.

Comme on est généralement d'accord qu'Africain a respecté, plus qu'Eusèbe, les textes de Manéthon, nous nous occuperons plus particulièrement de sa relation qui cadre, jusqu'à un certain point, avec celle de Joseph, que nous regardons comme la plus exacte ; quant à Eusèbe, nous ne prendrons en considération que ses chiffres, en raison du total qu'ils fournissent pour ses trois dynasties.

Africain n'a point de XVe ni de XVIe dynasties thébaines ; ce sont pour lui deux dynasties de rois pasteurs, et sa XVIIe comprend deux familles contemporaines de rois pasteurs et de rois thébains ; elles ont régné parallèlement et simultanément pendant cent cinquante et un ans.

Le chiffre qu'il indique pour la durée de sa XVIe dynastie, cinq cent dix-huit ans, ne peut être que le résultat d'une erreur de transposition. Ce chiffre doit représenter le total des années de règne de tous les Pasteurs réunis, de même que le chiffre trente-deux, pour le nombre de rois de cette même dynastie, doit résumer, dans notre opinion, le nombre total des Pasteurs depuis Salatis, le premier de tous, jusqu'au dernier APaPI qui fut expulsé définitivement avec son armée par Aahmès. Les cinq cent dix-huit ans donnés à la XVIe dynastie ressemblent tellement aux cinq cent onze ans que Joseph attribue à la période entière de la domination des HYKSOS jusqu'à l'explosion de la guerre, qu'il nous semble impossible de ne pas les considérer comme un chiffre de récapitulation changé de place. L'hypothèse d'une semblable transposition nous paraît d'autant plus admissible, qu'Africain compte pour sa XVe dynastie, ainsi que Joseph pour son premier groupe de pasteurs, six rois, et que d'accord tous les deux sur le nombre de souverains, ils le sont encore, à bien peu de chose près, sur les noms comme sur les durées de règnes. C'est, au surplus, ce dont on peut se convaincre en jetant les yeux sur le tableau suivant :

XVe DYNASTIE.

F. JOSEPH.	AFRICAIN.	EUSÈBE.
Ils élurent l'un d'eux pour roi. Il trouva la ville d'Avaris à sa convenance ; il en fit une place très-forte et y établit une garnison de 240 000 hommes. Ce premier roi, nommé Salatis, régna... 19ª Bœon.......... 44 Apachnas....... 36 7^m Apap.......... 61 Janias.......... 51 1 Assis.......... 49 2	Six rois étrangers venus de Phénicie. Ils prirent Memphis et construisirent dans le nome Sethroïte une ville d'où ils rayonnaient sur l'Égypte qu'ils soumirent à leur domination. Saïtès............. 19ª Byon.............. 44 Pachnan.......... 61 Staan............. 50 Archlès............ 49 Aphobis 61	Rois diapolitains qui ont régné 250 ans.

XVIᵉ DYNASTIE.

F. JOSEPH.	AFRICAIN.	EUSÈBE.
Les six rois nommés qu'on désigne sous le nom de Pasteurs, et après eux leurs successeurs tinrent l'Égypte sous leur domination,	Trente-deux rois Pasteurs grecs. Ils règnent pendant 518 ans.	Cinq rois thébains. Ils règnent 190 ans.
Pendant 511 ans environ.	**XVIIᵉ DYNASTIE.**	
Alors les rois de la Thébaïde et du reste de l'Égypte firent une expédition contre les Pasteurs et il s'alluma entre eux une grande et longue guerre.	Quarante-trois rois pasteurs et quarante-trois rois thébains. Ils règnent 151 ans.	Rois pasteurs : Saïtes............ 19ᵃ Bion.............. 43 Apophis .... 14 Archles 30

En additionnant les durées de ces dynasties on trouve pour

JOSEPH.	AFRICAIN.	EUSÈBE.
1ᵉʳ Groupe..... 260ᵃ 10ᵐ	XVᵉ dynastie...... 284ᵃ	XVᵉ dynastie...... 250ᵃ
2ᵉ............. 250 2?	XVIᵉ............. 518	XVIᵉ............. 190
Temps de guerre ?	XVIIᵉ 151	XVIIᵉ 106
Total.... 511 ans. Plus..... ?	Total...... 953	Total...... 546

De ces trois totaux, 511, 953 et 546, celui de Joseph doit représenter le chiffre exact de la puissance des Pasteurs jusqu'à l'explosion de la guerre ; celui d'Eusèbe nous paraît un peu fort, parce qu'il n'est guère présumable que la guerre, dont parle Joseph, ait pu durer trente-cinq ans ; et celui d'Africain contient évidemment une grosse erreur, mais son énormité même doit nous aider à la rectifier.

C'est le nombre 518 des années qu'il assigne comme durée à la XVIᵉ dynastie, qui doit être le nœud de la difficulté. Ce nombre est, en effet, ainsi que nous l'avons dit, tellement rapproché du chiffre 511, qui exprime dans Joseph la durée totale du pouvoir des HYKSOS, abstraction faite du temps de guerre avec les princes indigènes, que nous n'hésitons pas à dire qu'il a dû représenter dans le texte d'Africain, avant qu'il eût été altéré, la somme des années afférente à ses XVe, XVIe et XVIIe dynasties, dont la dernière devait faire double emploi avec une partie de la XVIe. C'est par l'inadvertance de quelque copiste qu'il aura été déplacé et attaché à la deuxième dynastie des Pasteurs comme expression de sa durée.

Si on admet cette supposition, 518 exprimant le nombre total des années de règne des Pasteurs, puisque 284 est celui qu'Africain attribue à sa XVe dynastie, il en résulte que la différence de 518 à 284, nous donnera 234 pour expression de la durée de sa XVIe. Nous avouons cependant que nous n'avons qu'une médiocre confiance dans les deux chiffres partiels 284 et 234, par la raison que les détails minutieux dans lesquels Joseph est entré, nous portent à croire que les années de règnes qu'il attribue aux six premiers HYKSOS sont plus conformes au texte de Manéthon que les nombres rapportés par Africain.

Pour en finir avec ce dernier, nous pensons qu'on peut rétablir l'ensemble de ses trois dynasties de la manière suivante :

XVe. Six rois étrangers qui ont régné. . . . 284 ans.
XVIe. Rois pasteurs. . . . . 234 —

Ensemble. . . . . . . 518 —

XVIIe. Quarante-trois rois thébains qui ont
régné au midi, en même temps que
les rois pasteurs de la seconde partie
de la XVIe régnaient au nord, pendant. . . . . 151 —

La XVIIe dynastie représenterait ainsi la période d'antagonisme entre les deux peuples et en même temps celle de la reconstitution de la monarchie égyptienne.

Revenons maintenant à Joseph. Cet historien considérait les HYKSOS comme les ancêtres du peuple juif; nous avons donc tout lieu de croire qu'en parlant des Pasteurs il a rapporté fidèlement le texte de Manéthon. Nous avons pour garantie de son exactitude sa vanité nationale dont nous trouvons la preuve accentuée dans la vivacité de ses répliques à Apion et à Chérémon, lorsqu'il reproche à ces deux écrivains, ainsi qu'il le fait, du reste, pour Manéthon lui-même, d'avoir parlé en véritables ignorants toutes les fois qu'ils se sont permis de parler irrévérencieusement des Juifs et des Pasteurs. C'est donc bien réellement un roi Salatis, comme il le nomme (ou Saïtès, suivant Africain et Eusèbe), qui fut élu par les étrangers pour régulariser la conquête de la basse Égypte et l'exploitation générale de tout le pays. Après Salatis, il nomme encore cinq autres rois ses successeurs et il en fait un groupe de six souverains qui ont opprimé l'Égypte entière pendant deux cent soixante et un ans. Pour le surplus il le donne en bloc et par induction, en assignant à la domination des HYKSOS une durée totale de cinq cent onze ans depuis l'élection de Salatis jusqu'au moment où « les rois de la Thébaïde et du reste du pays firent une expédition contre les Pasteurs. » Cette période de cinq cent onze ans doit être augmentée de tout le temps de la guerre longue et acharnée dont il parle, et qu'on ne peut raisonnablement supposer avoir pris d'intensité que vers la fin du règne de RA SKeNeN. Le papyrus du musée britannique nous fait voir, en effet, le roi APaPI expédiant de Ha UAR, où il résidait, une ambassade au chef de la contrée du midi, RA SKeNeN; la guerre n'était donc pas déclarée encore. La haine de peuple à peuple existait sans aucun doute, mais la lutte violente signalée par Joseph, non, certainement. Une partie notable du règne de RA SKeNeN a donc dû précéder l'explosion de la guerre, et nous ne serions pas éloigné de croire que la rupture définitive n'est survenue que dans la dernière année de ce Pharaon ; car c'est dans la sixième année d'Aahmès que la ville de Ha UAR fut prise. La dernière année de RA SKeNeN avec les six premières d'Aahmès nous donneraient un total de sept ans qui comprendraient tout le temps de la guerre, et ce nombre sept ajouté au cinq cent onze que Joseph attribue à la domination des Pasteurs nous ramèneraient au chiffre cinq cent dix-huit qui a dû être, suivant nous, un chiffre de récapitulation dans Africain.

De cette manière nous aurions cinq cent onze ans pour durée de la puissance effective des HYKSOS, correspondant aux XVe et XVIe dynasties jusque et non comprise la dernière année de la XVIIe ; et cinq cent dix-huit pour le temps absolu qu'ils auraient séjourné en Égypte, depuis l'invasion jusqu'au moment de leur expulsion définitive, en l'an VI du règne d'Aahmès.

Quant au nom de Themosis, donné par Joseph au fils d'Alisphragmouthosis, nous ne saurions en aucune façon l'attribuer à l'un des rois Thouthmès ; nous pensons, au contraire, qu'il représente celui d'Ahmosis mal écrit par un copiste. Alisphragmouthosis à son tour ne peut représenter pour nous que le roi RA SKeNeN TaU AA KeN, qui a ouvert les hostilités contre le roi pasteur APaPI ; mais pour dire par quelles transitions on pourrait arriver de l'un à l'autre, nous y renonçons, car nous n'avons ni l'espérance ni la prétention de retrouver la physionomie d'un nom qui n'est parvenu jusqu'à nous que travesti et tout à fait méconnaissable.

Nous ne voyons pas clairement pour quel motif on

pourrait, comme a fait M. Brugsch [1], retarder l'expulsion des Pasteurs jusqu'à l'an XXII du règne de Thouthmès III. Il n'est pas possible que ce soit pour le seul plaisir de faire cadrer des chiffres, en arrivant dans deux séries parallèles à des durées parfaitement égales, alors surtout que le parallélisme est bien difficile, sinon impossible, à établir au point de départ, à la tête de chacune des deux séries. Un pareil système ne peut être admis qu'à la condition de s'appuyer sur des preuves réelles, ou tout au moins sur de très-fortes probabilités. Dans cette question de synchronisme, une seule chose nous paraît incontestable, c'est l'inscription du tombeau d'Aahmès, fils d'Abana. Elle nous montre le roi Aahmès maître de la place forte de Ha UAR dès la sixième année de son règne, et poursuivant les Pasteurs jusqu'à S'aRuHaN, place de la frontière du pays de Kanaan, dont il s'empara aussi cette même année [2]. Elle nous le représente encore, après en avoir fini avec les Pasteurs par ces glorieuses campagnes, tournant ses armes vers le sud, où il va châtier les Nubiens. Pour corroborer enfin des faits si clairement établis, nous avons le tableau sculpté sur les rochers de Mokattan [3] en l'an XXII du même roi Aahmès, avec une inscription qui constate que ce prince venait de faire ouvrir les carrières à l'effet de construire des temples à Memphis et à Thèbes.

Les Pasteurs ne lui causaient donc plus d'inquiétude. L'inscription d'Aahmès, fils d'Abana, nous apprend

---

[1] Brugsch, *Histoire d'Égypte*, p. 72.

[2] Brugsch, *Histoire d'Égypte*, p. 81 et 85. Voir aussi les *Annales de philosophie chrétienne*, XVIIe année, IIIe série, vol. XV, p. 418. Il y a tout à l'heure dix-sept ans que M. de Rougé à établi tout cela et l'a prouvé.

[3] Brugsch, *Histoire d'Égypte*, p. 85. Lesueur, *Chronologie des rois d'Égypte*, p. 138.

encore qu'Amenhotep Ier, fils et successeur d'Aahmès,
fit la guerre aux Éthiopiens pour étendre les frontières
de l'Égypte [1]. Pour lui non plus, il n'y avait pas d'inquiétude du côté du nord; il ne défendait plus ses frontières,
au contraire il attaquait celles des voisins pour augmenter
ses propres États. Enfin, toujours cette même inscription
d'Aahmès, nous signale un fait capital, c'est que Thouthmès Ier remporta une grande victoire en Mésopotamie [2].
Les Pasteurs n'étaient donc plus un obstacle à sa marche
en Asie.

Un autre monument n'est pas moins explicite; il s'agit
encore d'un Aahmès, non plus du fils d'Abana, cette fois,
mais d'Aahmès Pensouvan. C'est aussi un officier qui ra-
conte ses exploits et les récompenses dont il fut honoré,
sur une inscription conservée au musée du Louvre [3]. Il
signale à la postérité qu'il a fait une campagne sous le roi
Aahmès; deux sous Amenhotep Ier, dont une en Éthiopie;
deux encore sous Thouthmès Ier, dont l'une en Éthiopie
et l'autre en Mésopotamie; et enfin une campagne sous le
roi Thouthmès II pour châtier les S'aSU jusque dans leur
propre pays.

De l'ensemble de ces trois inscriptions il résulte très-
clairement que dès la sixième année du règne d'Aahmès
les Pasteurs n'étaient plus redoutables pour l'Égypte;
c'étaient, à n'en pas douter, des voisins désagréables,
dangereux peut-être; mais très-certainement l'Égypte
était débarrassée de leur oppression, sinon de leur présence.

[1] Brugsch, *Histoire d'Égypte*, p. 86. De Rougé, *Annales de
philosophie chrétienne*, IIIe série, vol. XV, p. 418.

[2] Brugsch, *Histoire d'Égypte*, p. 87.

[3] *Notice des monuments exposés au musée du Louvre* (1852),
par M. de Rougé, C., § 4, n⁰ 49, p. 76. C'est M. Birch qui a inter-
prété le premier ce monument. Brugsch, *Histoire d'Égypte*, p. 87.

Il n'est donc pas possible de faire descendre l'expulsion des HYKSOS jusqu'à la XXIIe année du règne de Thouthmès III, c'est-à-dire plus d'un siècle après l'avénement de la XVIIIe dynastie, puisque les monuments nous fournissent la preuve irrécusable que les quatre premiers rois de cette famille ont fait la guerre avec un égal succès au nord comme au sud de leurs États. Mais si les rois étrangers ont été vaincus et chassés par Aahmès, ce n'est pas cependant une raison pour conclure que les nomades n'aient jamais remis le pied en Égypte [1]. Il paraît au contraire, si l'on en croit Manéthon, qu'ils reparurent dans le Delta vers l'époque où Moïse emmena son peuple, sous le règne d'un roi Amenophis, postérieur à Ramses II, et qu'ils causèrent un tel désarroi dans la vallée du Nil, que ce roi se sauva avec son fils, encore en bas âge alors, en Ethiopie, où il séjourna pendant treize ans. Ce nom d'Amenophis, dont Joseph fait un crime à Manéthon, sous prétexte qu'il cite un roi apocryphe, n'est cependant pas si erroné que veut bien le faire croire l'irascible auteur ; il est, au contraire, assez reconnaissable, car il doit être question du roi MeRi eN PTaH, fils de RA MeSeS MeRi AMeN (Ramses II). De même qu'on prononçait Meïamoun au lieu de Meri amoun, on prononçait aussi Meï en ptah au lieu de Meri en ptah, et de Meï en ptah les Grecs ont fait Amménephthès, bien voisin d'Amménophthès ou Aménophis. C'est sous le règne de

---

[1] Il paraît hors de doute aujourd'hui, qu'après l'expulsion des HYKSOS (les HaK S'aSU, les chefs ou les rois des Chasou, selon la très-judicieuse étymologie proposée par M. Brugsch) une partie notable des étrangers continua de vivre dans le pays de Tanis, où leur race s'est perpétuée jusqu'à nous. Ce fait explique dès lors parfaitement les retours offensifs et multipliés des nomades, dont les auteurs égyptiens ont parlé en termes un peu vifs et qui ont choqué si fort la susceptibilité de Flavius Joseph.

Meïenphtah qu'eut lieu l'Exode et que se passèrent les événements dont les auteurs égyptiens, Manéthon, Chérémon, Lysimaque et Apion, ont rappelé le souvenir pénible avec quelques variantes dans les détails.

Pour en revenir aux HYKSOS, voici comment nous croyons devoir décomposer toute la période de leur domination en Égypte :

XV° DYNASTIE.

Six rois pasteurs occupent le Delta; Ha UAR est leur principale résidence. Ils règnent pendant
261 ans.

XVI° DYNASTIE.

Des rois pasteurs règnent encore dans la basse Égypte pendant
250 ans.

A la fin de cette période, la guerre éclate entre les rois de la Thébaïde et du reste de l'Égypte qui ont repris courage, d'une part, et APaPI, le dernier des rois pasteurs de l'autre. Cette guerre dure
7 ans ;
elle aboutit à l'expulsion définitive des HYKSOS, dans la VI° année du règne d'Aahmès,
518 ans
après l'élection de Salatis.

Les chefs égyptiens qui ont pu échapper aux envahisseurs sont réfugiés dans l'extrême sud du pays ; ils y séjournent pendant
344 ans.

Ensuite de quoi les princes thébains qui sont parvenus à reconstituer un pouvoir national établissent la

XVII° DYNASTIE.

Elle règne à Thèbes pendant que les HYKSOS résident à Ha UAR. Ce nouvel ordre de choses dure
168 ans.

La guerre avec les étrangers éclate dans la dernière année du règne de RA SKeNeN. Elle continue sous la

XVIII° DYNASTIE.

Aahmès, qui en est le chef, expulse les HYKSOS dans la VI° année de son règne,
518 ans
après l'invasion des Pasteurs.

Les indications de Joseph d'une part, et la disposition des listes de Manéthon ae l'autre, nous amènent à conclure que l'invasion des HYKSOS marque la fin de la XIV° dynastie, dont Africain ne dit pas un mot, tandis qu'Eusèbe la mentionne en la désignant comme xoïte. Le silence absolu d'Africain nous ferait croire volontiers que cette famille n'a guère eu d'autre illustration que celle de la terrible catastrophe qui la fit disparaître en livrant du même coup l'Égypte aux nomades. Eusèbe, qui nous révèle son existence, assigne deux chiffres à sa durée, un de 184 ans et l'autre de 484. Pour rester dans les limites les plus étroites nous admettrons le moins élevé, et encore dirons-nous qu'il est peut-être lui-même trop fort pour être ajouté dans un canon, au chiffre imputé à la XIIIe dynastie.

Effectivement, après avoir inscrit cette dernière famille comme composée de soixante rois diospolitains, avec une durée de 184 ans, Africain passe sans aucune transition à la XVe dynastie qui est une dynastie de Pasteurs. Eusèbe, au contraire, relate d'abord la XIIIe diospolite composée, comme celle d'Africain, de soixante rois, mais ayant régné 453 ans au lieu de 184, puis il rapporte la XIVe, dans laquelle il fait entrer soixante-seize rois xoïtes, en lui attribuant 184 ans de durée, *ou bien*, ajoute-t-il, *suivant une autre version,* 484. Ce n'est qu'après avoir mentionné aussi catégoriquement l'existence de la famille xoïte, qu'il passe à la XVe dynastie. Ces deux interprétations de Manéthon sont d'accord pour le nombre des rois inscrits dans la XIIIe, et ce nombre ne semble pas exagéré, eu égard aux renseignements fournis par le papyrus de Turin [1], qui montre presque partout, pour cette famille, des règnes fort courts. Mais le chiffre

---

[1] Le papyrus, partout où il a conservé des durées de règnes qu'on puisse rapporter à la XIIIe dynastie, présente des chiffres très-peu élevés. M. Lesueur, dans sa *Chronologie des rois d'Égypte,* p. 220, en examinant cette même question, rassemble trois têtes de colonnes du papyrus qu'il considère comme ayant appartenu à cette famille, et il trouve ainsi dix-huit règnes qui font un total de cent trente-quatre ans et trois mois, et donnent pour la moyenne un peu plus de sept ans. Si on prend les données d'Eusèbe, quatre cent cinquante-trois ans pour soixante règnes, on arrive à une durée moyenne de sept ans et demi, résultat qui se rapproche singulièrement de celui que M. Lesueur a déduit de l'examen des fragments du papyrus.

d'Africain, cent quatre-vingt-quatre ans, est bien faible, au lieu que celui d'Eusèbe, quatre cent cinquante-trois, nous semble plus acceptable et plus conforme surtout aux indications du papyrus. Africain ne dit rien absolument de la XIVe dynastie, pas plus que si elle n'eût jamais existé, et pourtant il est impossible qu'il n'en ait pas tenu compte, puisqu'il donne le n° XV à celle qu'il inscrit après la XIIIe. Quant à Eusèbe, il fait entrer dans la XIVe soixante-seize rois xoïtes! Ici nous serions tout disposé à croire à une singulière exagération en sens inverse de celle d'Africain, si nous ne considérions pas ce chiffre soixante-seize, comme un nombre de récapitulation pour tous les rois des XIIIe et XIVe dynasties, réunis ensemble. Si on accepte cette hypothèse, qui ne nous paraît pas improbable, il conviendra d'admettre aussi que le premier chiffre d'Eusèbe, pour la durée de la XIVe, cent quatre-vingt-quatre ans, est le chiffre réel, et que ce même chiffre, assigné par Africain à la XIIIe, a été emprunté à la dynastie xoïte, qu'il a omise, et substitué par erreur au véritable chiffre de la XIIIe, rapporté fort heureusement par Eusèbe. Quant au second chiffre, quatre cent quatre-vingt-quatre, *venant d'une autre source,* il serait à son tour, de même que celui de soixante-seize pour les rois xoïtes, un chiffre de récapitulation résumant toute la durée des XIIIe et XIVe dynasties. Ainsi, dans notre pensée, la XIVe famille, celle des Xoïtes, n'aurait eu que seize rois et elle aurait marché parallèlement avec la fin de la XIIIe, pendant cent cinquante-trois ans, en sorte qu'elle n'aurait eu que trente et un ans [1] de durée,

---

[1] On obtient le chiffre trente et un, en défalquant quatre cent cinquante-trois ans, durée de la XIIIe dynastie, suivant Eusèbe, du total quatre cent quatre-vingt-quatre, qui embrasse tout le temps des XIIIe et XIVe réunies.

sans double emploi, entre la fin de la XIIIe dynastie thébaine et l'invasion des Pasteurs.

On voit combien d'hypothèses nous sommes obligé d'accumuler afin de faire sortir quelque chose de vraisemblable des données d'Africain et d'Eusèbe, pour cette période embrouillée des annales égyptiennes, à partir de la fin de la XIIe dynastie. C'est le seul moyen rationnel auquel nous ayons cru pouvoir nous arrêter pour tenir un compte suffisant des indications tronquées des abréviateurs de Manéthon, et nous expliquer l'existence, en quelque sorte effacée, de cette malheureuse dynastie xoïte qui a vu s'accomplir la ruine de l'Égypte. Évidemment elle a dû être très-faible, et ses rois de très-petits princes qui se seront élevés dans la basse Égypte, vers les derniers temps de la XIIIe dynastie; mais si faibles qu'ils aient été par eux-mêmes, si restreint qu'ait pu se trouver le cercle où s'exerçait leur autorité, ils ont été fatalement une cause d'amoindrissement pour la royauté comme pour la nation entière, et quand arriva le flot des étrangers, incapables d'opposer la moindre résistance, ces rois malheureux et débiles furent balayés par un ennemi dont ils avaient, sans s'en douter, préparé le triomphe.

Les considérations qui précèdent et les documents sur lesquels nous nous sommes appuyé nous ont fait la conviction qu'à partir de l'invasion des Pasteurs il y a eu réellement une interruption dans les séries royales égyptiennes proprement dites, et que l'intervalle a été comblé par une série de rois étrangers, que Manéthon a enregistrés sous le titre de XVe et XVIe dynasties. La XVIe peut et doit être scindée en deux parties, dont la seconde correspondrait à la XVIIe dynastie d'Africain, que cet auteur nous représente comme composée simultanément de rois thébains et de rois étrangers. Il est bon de noter qu'au point de vue historique les HYKSOS forment bien

réellement deux dynasties, dont la première s'encadre et
la seconde s'enchevêtre dans les dynasties indigènes, et
que ces rois se sont donné les mêmes titres que les
Pharaons de Memphis ou de Thèbes. Ce fait semble ressortir avec une clarté suffisante des numéros d'ordre
affectés aux deux dynasties des Pasteurs par les annalistes
égyptiens eux-mêmes, et de la mention qui a été faite dans
les listes royales des noms des six premiers au moins
d'entre eux [1], sinon de tous, ce que nous ne pouvons
plus savoir maintenant par la faute des abréviateurs de
Manéthon, qui ne nous ont transmis que des extraits de
son texte, et encore avec des coupures déplorables.

Avant de terminer cette étude, nous tenons à nous
disculper du reproche de contradiction qu'on serait en
droit de nous faire, en comparant ce que nous avons dit
de la dynastie xoïte, dans notre analyse du tableau de la
salle des ancêtres, avec ce que nous venons d'en dire
dans la discussion de la période des HYKSOS. Le fait est
que nous avons examiné cette question en nous plaçant
à deux points de vue très-différents.

Dans la première partie de notre travail nous avons
supposé que la dynastie xoïte aurait pu chevaucher à la
fois sur la fin de la XIIIe dynastie et sur le commencement de la XVe, avec une existence propre et un pouvoir
sans compétion, pendant cent quatre-vingt-quatre ans,
entre les derniers rois thébains et les premiers rois pasteurs. Cette manière de voir n'était présentée que dans le
but de concilier les deux chiffres, 184 et 484, qu'Eusèbe

<hr>

[1] Voir, dans la *Revue archéologique*, IIe série, vol. III, p. 252,
253, la lettre de M. Devéria à M. Aug. Mariette.

rapporte comme nombre des années de la XIVe dynastie, et d'expliquer, jusqu'à un certain point, la prodigieuse quantité de rois, soixante-seize, qu'il fait entrer dans ce groupe.

Dans notre étude de la période des HYKSOS nous avons adopté une manière différente d'envisager la question, et nous ne faisons aucune difficulté de convenir que nous avons été mû, cette fois, par le désir de resserrer le temps écoulé entre la fin de la XIIe dynastie et l'invasion des étrangers. Neuf siècles nous ont paru trop longs pour combler cet intervalle, surtout en présence de l'omission complète de la famille xoïte dans Africain, dont le silence peut être considéré comme une justification suffisante du peu d'importance que nous sommes disposé à accorder à la XIVe dynastie. Nous ne pouvons pas non plus accepter le parallélisme complet entre elle et la XIIIe, puisqu'on a retrouvé, à Tanis même, des preuves incontestables de l'autorité que les rois de cette dernière famille exerçaient dans le Delta, aussi bien que dans la haute Égypte [1]. Il faut donc reconnaître que les XIIIe et XIVe dynasties ont été successives, au moins pendant un certain temps, vers le dernier tiers de la XIVe, puisqu'on ne saurait admettre que des rois xoïtes aient eu autorité dans le Delta pendant que les SeBeK HoTeP y faisaient ériger des monuments à leur nom, de même qu'ils en faisaient construire dans la haute Égypte, où était le siége de leur empire.

Nous sommes arrivé, de la manière qu'on a vue, par des hypothèses qui n'ont rien de choquant, mais qui ne

---

[1] M. Mariette a trouvé, à Tanis, des monuments portant les cartouches de plusieurs Sevekhotep, entre autres RA S′A NeWeR, le Sevekhotep III de M. Bunsen, le même qui porte le n° 132 sur la planche VII de l'ouvrage de M. Brugsch *(Histoire d'Égypte)* et RA S′A K͞H͞ePeR, un nouveau Sevekhotep révélé à la science par l'habile et savant investigateur.

sont, en fin de compte, que des hypothèses, à resserrer
l'intervalle compris entre RA SeBeK NeWeRU et Salatis
dans une limite de quatre cent quatre-vingt-quatre ans,
qui exprime pour nous la durée totale de la XIIIe et de
la XIVe dynastie, considérées comme partiellement successives. Le lecteur appréciera notre manière d'envisager
cette question, que nous lui présentons comme une question de chiffres. On sait avec quelle docilité les chiffres
se prêtent à toutes les combinaisons de quiconque veut
les manier dans un but déterminé ; et personne n'ignore
que les mêmes chiffres, arrangés de telle ou telle façon,
conduisent pourtant à des résultats tout différents, bien
qu'ils soient appuyés, dans tous les cas, de raisonnements
plus ou moins spécieux. Pour nous, le motif qui nous a
dirigé dans l'explication que nous avons proposée, c'est
tout simplement le désir d'échapper à une succession
invraisemblable de deux dynasties avec soixante rois et
quatre cent cinquante-trois ans de durée pour l'une, et
soixante-seize rois avec quatre cent quatre-vingt-quatre
ans d'existence pour l'autre. Nous avons cru voir dans la
comparaison de ces nombres, bien qu'ils ne fussent pas
identiques, une similitude trop grande pour ne pas y trouver
le résultat d'une confusion quelconque introduite dans les
textes par les copistes, sans qu'il nous fût possible de
mettre exactement le doigt sur la faute. Nous avons donc
eu recours à des suppositions, et celle sur laquelle nous
appuyons notre système d'interprétation, c'est que le
chiffre soixante-seize pour le nombre des rois, de même
que celui de quatre cent quatre-vingt-quatre pour le
nombre des années, sont l'un et l'autre des chiffres de récapitulation qui doivent résumer tous les rois de la XIIIe et
de la XIVe dynastie, ainsi que toutes les durées de règne,
sans double emploi, pour les deux familles. Sommes-nous
dans le vrai ? Il serait au moins téméraire de le prétendre.

Sommes-nous dans le probable? Nous le croyons. Au demeurant, nous proposons notre système faute de mieux,
et nous lui trouvons l'avantage de maintenir, en partie, la
succession de deux groupes dont il serait difficile de contester l'existence propre, malgré que l'un des deux nous
paraisse très-effacé par rapport à l'autre, et de ne pas
nous obliger à compter neuf siècles là où il ne s'en est
écoulé peut-être que cinq.

Nous avons vu que les monuments établissaient avec
certitude le parallélisme de RA SKeNeN et d'APaPI; ils
nous ont montré que le premier gouvernait à Thèbes pendant que le second régnait à Tanis; que la XVIIe dynastie
diospolitaine finissait avec RA SKeNeN, et que la XVIe,
qui était une dynastie de Pasteurs, s'éteignait avec APaPI.
Nous leur devons donc la preuve incontestable du parallélisme et de l'antagonisme de deux dynasties, immédiatement avant que la XVIIIe eût refait de l'Égypte une
grande puissance; et nous avons ainsi une éclatante con-
firmation de la réalité des annales égyptiennes et de la
sincérité de Manéthon.

Ce renseignement si précieux pour l'histoire, nous le
devons aux persévérantes études des savants qui ont continué de creuser le sillon glorieusement ouvert par Champollion, de trop regrettable mémoire. Profitant des leçons
du maître, les disciples ont hérité de sa méthode et per-
fectionné si bien l'instrument de leur travail, qu'ils ont
pu constituer en un corps de doctrine et élever au rang
d'une science ce qui semblait à beaucoup la rêverie de
quelques songe-creux, une plaisanterie bonne à per-
sifler.

Depuis que les monuments, qu'on avait cru réduits à
un éternel silence, ne sont plus muets, depuis qu'ils ont
trouvé d'habiles interprètes, on peut, en quelque sorte,
enregistrer chaque jour un progrès, et chaque jour aussi

la science s'enrichit de quelque découverte nouvelle, si bien qu'il est permis d'espérer que la lumière finira par se faire peu à peu sur une histoire que les Grecs semblaient avoir, comme à plaisir, enveloppée de ténèbres.

Nous voulons citer en exemple le manuscrit du musée britannique, connu sous le nom de papyrus Abbott [1]. Ce curieux monument a fourni la preuve que deux rois antérieurs à la XVIIIe dynastie avaient porté le même prénom RA SKeNeN, et même qu'ils avaient eu, à bien peu de chose près, le même nom de famille. L'un avait pour cartouches,

RA SKeNeN Si RA TAU AA : c'est le contemporain d'APaPI dont nous avons parlé, et selon toute apparence RA SKeNeN II ; l'autre avait ses deux noms écrits,

RA SKeNeN Si RA TAU AA AA. Celui-ci a dû précéder TAU AA, il sera pour nous RA SKeNeN Ier, sans qu'il nous soit possible de dire si ces deux rois ont été, ou non, séparés par des intermédiaires. Mais ce qui est bien autrement intéressant, c'est que ce manuscrit est le procès-verbal d'une enquête faite douze cents ans avant notre ère, sous un Ramsès de la XXe dynastie. Il nous fait connaître les noms de plusieurs rois nouveaux et nous révèle le nom de famille de RA UZ' KHeHeR, dont nous avons reconnu le cartouche sur la table à libations du

---

[1] M. Birch a fait de ce manuscrit hiératique une traduction anglaise qui a été publiée en français par M. Chabas, dans la *Revue archéologique*, vol. XVI, p. 262 et suivantes.

musée de Marseille. Ce roi s'appelait

Si RA KA MeS, le fils du soleil KA MeS ; ses deux cartouches sont inscrits dans un tombeau de Gournah, mais le nom d'intronisation avait été inexactement copié, sans doute à cause de son mauvais état de conservation [1]. L'enquête nous fait savoir qu'à cette époque, une bande de malfaiteurs s'était organisée à Thèbes, dans le but sacrilége d'exploiter les tombes royales, de même que les sépultures des simples particuliers. Ces dernières avaient été profanées et pillées complétement ; mais sur dix chambres de rois désignés chacun par leurs noms, et que la commission d'enquête venait d'inspecter elle-même, sept avaient été trouvées intactes ; deux présentaient les traces d'un travail d'effraction, mais n'avaient pas été violées, et une avait été percée par un travail de mineur et totalement dévastée par les voleurs. Cette chambre funéraire était celle du roi

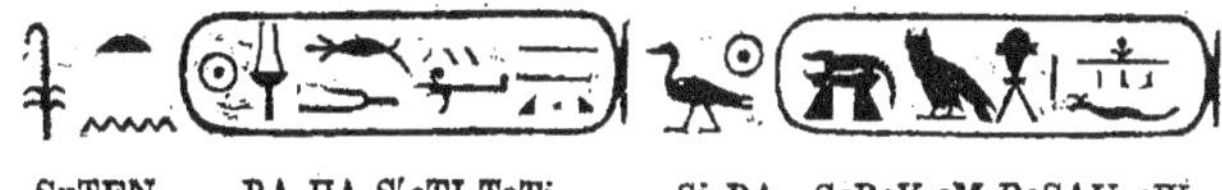

le roi, Soleil dominateur et organisateur du monde, le fils du Soleil, SeBeK est sa force ;

et de la reine  NUB S'A eS.

Les deux momies royales avaient été profanées et spoliées de tous leurs ornements.

---

[1] *Monuments égyptiens pour faire suite aux Monuments d'Égypte et de Nubie*, de Champollion jeune, par M. Prisse d'Avennes, pl. III.

13

Avec un pareil document il serait difficile maintenant d'attribuer uniquement à l'invasion persane et à la démence furieuse de Cambyse la violation de toutes les sépultures de rois ; les malfaiteurs du pays s'étaient chargés de la besogne sept ou huit siècles auparavant.

Ce singulier procès-verbal constatait encore un fait important, c'est que la plupart des tombeaux qu'il signale se trouvaient à peu près dans le voisinage de celui d'Amenhotep Ier, qui était lui-même au nord du palais de ce Pharaon. Là se trouvaient réunis des souverains des XIe, XIIIe, XVIIe et XVIIIe dynasties jusqu'à Amenhotep Ier, inclusivement. Le papyrus, en effet, ne cite pas de roi postérieur à ce dernier, si ce n'est pourtant Thouthmès III, mais à l'occasion seulement du tombeau d'un de ses grands fonctionnaires, parce que ce tombeau avait servi de passage aux voleurs pour arriver à celui du roi SeBeK eM BeSAU eW. Ces renseignements étaient précieux, sans doute, mais au point de vue topographique ils n'étaient pas suffisants pour faire retrouver ce champ funèbre. Il était réservé à la persévérance et à la sagacité de M. Mariette de le découvrir. C'est à Drah-abou-Neggah, aux environs de Gournah, qu'il a eu la bonne fortune de voir ses recherches couronnées par le succès, en reconnaissant le district des tombes royales exploitées jadis par les voleurs. Il a trouvé lui-même sept tombeaux, dont trois étaient indiqués dans le procès-verbal d'enquête, et sa découverte, comparée aux données du papyrus, porte maintenant à quatorze, comme minimum, les chambres sépulcrales qui ont reçu, dans cette circonscription, des momies de souverains [1].

Voici les noms des rois qui y ont été déposés.

---

[1] Lettre de M. Aug. Mariette à M. de Rougé, du 14 mars 1860, *Revue archéologique*, nouvelle série, 1re année, vol. II, p. 17... 35.

**Rois désignés dans le papyrus Abbott, suivant l'ordre
de visite des tombeaux.**

1 — SoR KA Si RA AMeN HoTeP.
2 — Si RA AN AA.
3 — SuTeN RA NUB K̅H̅ePeR Si RA ANTUW.
4 — SuTeN HA APe MA Si RA ANTUW AA.
5 — SuTeN RA HA S'eT TaTi Si RA SeBeK eM BeSAU eW
      et la reine NUB S'A eS.
6 — SuTeN RA SKeNeN Si RA TAU AA.
7 — SuTeN RA SKeNeN Si RA TAU AA AA.
8 — SuTeN RA UZ' K̅H̅ePeR Si RA KA MeS.
9 — SuTeN AAH MeS Si PA AR.
10 — SuTeN RA NeB K̅H̅eRU Si RA MeNTU HoTeP.

Rois reconnus par M. Mariette à Drah-abou-Neggah.

1 — RA NUB K̅H̅ePeR ANTUW. — Signalé sur le papyrus
      Abbott.
2 — RA HA S'eT TaTi SeBeK eM BeSAU eW. — Idem.
3 — HA APe MA ANTUW AA. — Idem.
4 — RA SK̅H̅eM HeR MA ? [1] ANTeW.
5 — HoR UaH aNK̅H̅ ? ANTeW.
6 — AAH MeS........ Différent de AAH MeS Si PA AR du
      papyrus.
7 — AAH HoTeP, reine.

Le rapprochement de ces quatorze noms nous offre,
pêle-mêle, des souverains séparés par un intervalle de
douze siècles, puisque nous y voyons à la fois des rois de
la XIe dynastie et Amenhotep Ier du commencement de la
XVIIIe. Nous trouvons aussi parmi eux RA NUB K̅H̅ePeR
dont le nom de famille n'était pas encore connu ; c'est
un ANTUW, et dans ce nom le son OU est exprimé par

---

[1] Nous avons mis des points de doute ? aux nos 4 et 5, parce
que M. Mariette ne les ayant désignés que comme Antew III et
Antew IV, nous croyons, sans en avoir pourtant la certitude,
qu'ils correspondent aux Antew nos 98 et 100 de la planche VI
de M. Brugsch, dans son *Histoire d'Égypte*.

un hiéroglyphe, ce que nous n'avions pas vu pour les
ANTeW de la salle des ancêtres. Nous croyons que
RA NUB K̅H̅ePeR ANTUW doit être un roi de la XVIIe
dynastie. Il est vrai de dire qu'il y a eu très-probablement deux RA NUB K̅H̅ePeR, car M. Birch fait remarquer que ce prénom figure, d'une part, sur les côtés d'un
petit trône appartenant à la collection du docteur Lée,
et qu'il y est inscrit dans une légende qui attribue à ce
Pharaon des victoires sur les Nègres et sur les Asiatiques ;
tandis que, d'autre part, on le voit à la salle des ancêtres
sur la même ligne que RA NeB K̅H̅eRU et RA SKeNeN.
Il est clair que ce second RA NUB K̅H̅ePeR, étant du
même groupe que RA SKeNeN, appartient à la XVIIe dynastie et qu'il n'a pas pu faire la guerre en Asie, puisque,
de son temps, les HYKSOS étaient maîtres de toute
l'Égypte du nord. Il faut donc qu'il soit différent du
RA NUB K̅H̅ePeR vainqueur des Nègres et des Asiatiques,
qui n'a pu être qu'un roi beaucoup plus ancien et très-
probablement antérieur à la XIIe dynastie. Auquel des
deux faut-il attribuer le tombeau de Drah-abou-Neggah?
Nous penchons singulièrement pour le RA NUB K̅H̅ePeR
de la salle des ancêtres, et nous avouons que le groupe-
ment des sépultures royales mentionnées dans le papyrus
Abbott, de même que celui des tombes retrouvées par
M. Mariette, nous a suggéré la pensée que la plupart des
ANTeW découverts jusqu'à présent ne devaient point
appartenir à la XIe dynastie. Nous pensons, quelque
paradoxale que puisse paraître cette manière de voir,
qu'il y a eu deux familles du nom d'ANTeW ou 'ANTUW,
séparées par un très-grand intervalle. La plus ancienne
comprendrait, à notre avis, les ANTeW de la deuxième
ligne de gauche et de la troisième dans la chambre des
ancêtres, de même que HoR UaH aNK̅H̅ Si RA ANTeW
de la stèle du musée de Leyde ; elle correspondrait à la

XIe dynastie. Dans la seconde nous ferions entrer les
ANTeW dont les monuments, plus que médiocres, portent l'empreinte évidente d'une infériorité déplorable, si
on les compare aux œuvres magistrales des rois de la
XIIe dynastie. Elle comprendrait les chefs, réfugiés au
sud de l'Égypte, qui, avec des velléités de résister aux
HYKSOS, auraient préparé l'avenir de la XVIIe dynastie.
Dans ce groupe nous ferions entrer AN AA du papyrus
Abbott, ainsi que les ANTeW dont on a retrouvé les
coffres de momies, et particulièrement ceux qui sont
conservés au musée du Louvre.

Nous serions, en vérité, bien en peine de fournir
maintenant quelque preuve à l'appui de cette opinion,
car elle n'est, à proprement parler, que quelque chose
d'instinctif, qu'un sentiment provoqué par la traduction
du papyrus Abbott, par les découvertes de M. Mariette et
surtout par l'étonnante pauvreté, comme style, des
quelques monuments que nous ont transmis des princes
contemporains, sans doute d'une époque de décadence
absolue. Pour avoir fait des œuvres aussi misérables, pour
que l'art fût descendu aussi bas, il a fallu des temps bien
malheureux, à coup sûr, et que la nation entière fût
tombée dans un état d'affaissement incroyable. Quel autre
temps que celui de la domination des HYKSOS, pourrait-on
trouver dans toute l'étendue de l'histoire égyptienne, qui
présentât à un plus haut degré ce triste caractère de
détresse et d'abaissement ? On prendra, nous nous y
attendons bien, cette idée pour un rêve ; mais nous ne
serions nullement surpris que de nouvelles études, si elles
étaient appuyées surtout par quelque découverte heureuse, vinssent un jour transformer notre rêve en réalité[1].

---

[1] Lorsque nous fûmes conduit, vers la fin de l'année 1862, à cette
manière d'envisager la famille des Antef et à la considérer comme

Parvenu à la fin de notre travail, nous nous estimerions heureux si nous avions réussi à faire passer nos convictions dans l'esprit du lecteur. Nous voudrions lui avoir donné des raisons suffisantes de croire que toutes nos propositions ne sont pas autant d'erreurs. Ce que nous pouvons affirmer, c'est que nous avons étudié consciencieusement des documents dont on ne peut contester l'importance ; nous avons consulté les monuments, et en particulier la table à libations du musée de Marseille, avec une entière bonne foi et sans parti pris d'avance. Nous avons dit simplement, mais avec toute la netteté qu'il nous a été possible, les idées qu'ils nous ont suggérées ; nous pouvons nous être trompé, le lecteur jugera. Comme nous n'avons poursuivi qu'un seul but, la vérité, nous ne demandons pas mieux que de nous rendre à l'évidence, et nous sommes prêt à reconnaître notre erreur pour peu qu'on nous donne des raisons convaincantes.

Il ne nous reste plus maintenant, pour terminer notre tâche, qu'à résumer notre pensée, en exposant dans quelques tableaux, l'ensemble des dynasties égyptiennes, et spécialement celles qui sont inscrites à la salle des ancêtres, comme nous l'avons compris par l'examen, longtemps médité, de cette grande page d'histoire.

partagée en deux groupes ayant appartenu à deux époques fort éloignées l'une de l'autre, nous fîmes part de notre sentiment à notre savant ami M. Théodule Devéria. Il voulut bien nous répondre, dans une lettre datée du mois de janvier suivant (1863), qu'il se trouvait amené lui-même à une conclusion analogue, et que sans tenir compte du lieu des sépultures, qui lui semblait un argument de médiocre importance, son opinion trouvait sa raison d'être dans le style même des sculptures qui lui paraissait, pour les monuments des Antef, avoir appartenu à une époque évidemment intermédiaire entre la XII⁰ dynastie et la XVIII⁰.

METZ. — IMP. F. BLANC.

DYNASTIES ÉGYPTIENNES.

REPRÉSENTÉES A LA SALLE DES ANCÊTRES.	LÉGITIMES.	COLLATÉRALES OU USURPATRICES.
	Ire. Thinite.	
	IIe. Thinite.	
IIIe. Un représentant.	IIIe. Memphite.	
	IVe. Memphite.	
Ve. Trois représentants ?	Ve. D'Héléphantine.	
VIe. Trois représentants.	VIe. Memphite.	VIIe. Quelques conjurés ayant surpris le pouvoir pendant deux mois.
	VIIIe. Memphite.	IXe. Héracléopolitaine.
		Xe. Héracléopolitaine.
XIe. Six représentants.	XIe. Thébaine.	
XIIe. Sept représentants.	XIIe. Thébaine.	
XIIIe, Trente – trois représentants ?	XIIIe. Thébaine.	
	XIVe. Xoïte.	
		XVe. ⎫ HYKSOS.
XVIIe. Cinq représentants.	XVIIe. Thébaine.	XVIe. ⎭
	XVIIIe. Thébaine.	
	XIXe. Thébaine.	
	XXe. Thébaine.	
		Grands prêtres d'Ammon.
	XXIe. Tanite.	
	XXIIe. Bubastide (héritière des grands prêtres d'Ammon).	
	XXIIIe. Tanite.	
	XXIVe. Saïte.	
		XXVe. Éthiopienne.
	XXVIe. Saïte.	
		XXVIIe. Persane.
	XXVIIIe. Saïte.	
	XXIXe. Mendésienne.	
	XXXe. Sébennitique.	
		XXXIe. Persane.
	ALEXANDRE.	

Ire DYNASTIE THINITE.

MANÉTHON.	8 ROIS.	232 ANS.	MONUMENTS.	
1.	Ménès................	62	MeNA.	Avénement vers 4717 avant J. C.
2.	Athotis................	47 *	ATHuTH.	
3.	Kenchénès.............	31		
4.	Ouénéphès	23		
5.	Ousaphaès.............	20		
6.	Miébis................	26		
7.	Sémempsès............	18		
8.	Biénéchès.............	26		

* D'après la version d'Africain, il faudrait donner à Athotis 57 ans au lieu de 47 ; mais l'erreur se révèle d'elle-même par la durée qu'il indique pour la dynastie entière, 252 ans, au lieu que l'addition donne 263.

IIe DYNASTIE THINITE.

	9 ROIS.	302 ANS.		
1.	Boéthos...............	38	.....BaiU.	Avénement vers 4465.
2.	Kaiéchos.............	39		
3.	Binotris.............	47		
4.	Tlas.................	17		
5.	Séthénès.............	41	ScNT.	
6.	Chairès	17		
7.	Népherchèrès.........	25		
8.	Sésochris............	48		
9.	Chénérès.............	50		

IIIe DYNASTIE MEMPHITE.

MANÉTHON.	9 ROIS.	214 ANS.	MONUMENTS.	
1.	Néchérophès............	28		Avénement vers 4163.
2.	Tosorthros............	29		
3.	Tyris	7		
4.	Mésochris............	17		
5.	Soyphis............	16		
6.	Tosertasis............	19		
7.	Achès............	42		
8.	Séphouris............	30	SNeWeRU.	
9.	Kerphères............	26		

IVe DYNASTIE MEMPHITE.

	8 ROIS.	274* ANS.		
1.	Soris............	29	SoRA.	Avénement vers 3949.
2.	Souphis............	63	KHUWU.	
3.	Souphis............	66	S'AWRA.	
4.	Menchérès............	63	MeNKAURA.	
5.	Pratoïsès............	25		
6.	Bichérès............	22		
7.	Séberchérès............	7		
8.	Tamphthis............	9		

* Manéthon assigne 274 ans de durée à la IVe dynastie au lieu de 284 que donne l'addition des règnes. Il résume les quatre premières dynasties en leur attribuant une durée totale de 1046 ans. Les quatre nombres partiels additionnés donnent 1042, qui se rapproche beaucoup de son total.

IV

Ve DYNASTIE D'ÉLÉPHANTINE.

MANÉTHON.	9 Rois.	198 Ans.		MONUMENTS.		
1.	Ouserchérès	28	1.	USeR KAW	28	Avénement vers 3675.
			2.		4	
			3.		2	
2.	Séphrès	13	4.	SAURA..........	7	
			5.		12	
3.	Népherchérès	20	6.	NeWeR aRi KA RA.	?	
4.	Sisirès	7	7.	USeR eN RA	7	
5.	Chérès..............	20	8.		?	
6.	Rathouris	44	9.		?1	
7.	Menchérès............	9	10.	MeN KA HOR	8	
8.	Tatchérès.............	44	11.	TaT KA RA	28	
9.	Onnos	33	12.	UNAS...........	30	

* Manéthon donne pour le total de la Ve dynastie 268 ans. Le papyrus de Turin force à modifier ce chiffre, par la raison qu'il indique pour cette dynastie douze rois au lieu de neuf et qu'il donne les durées des règnes, à part trois qui sont effacés. C'est par cette considération que M. Brugsch a été amené à produire le chiffre 198 que nous acceptons avec lui. C'est un minimum. Nous prévenons, du reste, qu'il ne cadre pas avec le résumé de Manéthon pour les cinq premières dynasties, 1294 ans.

VIe DYNASTIE MEMPHITE.

	6 Rois.	203 Ans.				
1.	Othoës..............	30	1.	ATI.		Avénement vers 3477.
2.	Phios ; lisez : Thios	53	2.	TaTA	20	
3.	Mentbousouphis	7	3.	I M HoTeP	14	
4.	Phiops..............	100	4.	APAP...........	90 + ?	
5.	Menthésouphis..........	1	5.	MeR eN RA	1	
6.	Nitocris..............	12	6.	NiT AKeR		VIIe DYNASTIE MEMPHITE.
			7.	NeWeR KA	2	
			8.	NeWeReS.........	4	Quelques conjurés s'emparent du pouvoir pendant un peu plus de deux mois, vers la fin du règne de Nitocris.
			9.	.....AB...........	2	
			10.	....	1	

| VIIIe DYNASTIE MEMPHITE. | | IXe DYNASTIE HÉRACLÉOPOLITAINE. | V |

V

VIIIe DYNASTIE MEMPHITE.

MANÉTHON.   9 ROIS.   146 ANS.   MONUMENTS.

1.
2.
3.
4.
5.
6.
7.
8.
9.

MONUMENTS.

1. ....   Avénement vers 3274.
2. ....
3. NeWeR KA RA.
4. K͞HRoTI.
5. Se.....
6. ....
7. UeR....
8. MeH....
9. H......
10. ....
11. ....
12. ....
13. ....
14. ....
15. ....
16. ....
17. ....

La famille des ANTeW s'élève peu à peu ; partie d'une position supérieure mais non royale, elle finit par succéder à la couronne memphite ; elle compte alors six rois dont les derniers supplantent les héracléopolitains. Manéthon lui donne seize rois avec une durée de 43 ans ; le papyrus de Turin ne désigne à cette place qu'un groupe de six rois seulement. En combinant ces données différentes, on peut admettre que cette famille n'a compté dans le calcul des dynasties que pour 43 ans après la fin de la dixième. On a ainsi la

XIe DYNASTIE THÉBAINE.

MANÉTHON.   16 ROIS.   43 ANS.

1.   Avénement vers 2989.
2.
3.
4.
5.
6.

Après ce groupe, Manéthon introduit dans son canon Aménémès avec un règne de 16 ans. Les monuments prouvent que ce souverain, après avoir régné seul, associa au trône son fils qui est pour Manéthon le chef de la douzième dynastie.

IXe DYNASTIE HÉRACLÉOPOLITAINE.

MANÉTHON.   4 ROIS.   100 ANS.

1. Achtoës.   Avénement vers 3274 avant J. C
2.
3.
4.

Xe DYNASTIE HÉRACLÉOPOLITAINE.

MANÉTHON.   19 ROIS.   185 ANS.

1.   Avénement vers 3174.
2.
3.
4.
5.
6.
7.
8.
9.
10.
11.
12.
13.
14.
15.
16.
17.
18.
19.

VI

XIIe DYNASTIE THÉBAINE.

Manéthon.   7 Rois.   213 * Ans.   Monuments.

Aménémès associe au trône son fils.   1. AMeN eM AH   I.
Ce règne en commun dure au moins huit ans.

1.	Gésonchosis......	46	2. USeRTaSeN	I.	45 ans + ? Avénement vers 2938.
2.	Ammanémès......	38	3. AMeN eM AH	II.	38
3.	Sésostris	48	4. USeR TaSeN	II.	18 + ?
4.	Lamarès	8	5. USeR TaSeN	III.	30
5.	Amérès..........	8	6. AMeN eM HA	III.	14 + ?
6.	Aménémès.......	8	7. AMeN eM HA	IV.	50 — 1 mois 27 jours.
7.	Skémiophris......	4	8. SeBeK NeWeRU RA		3 - 10 mois - 2 jours.

 * D'après Africain, Manéthon ne donnait à la douzième dynastie que 160 ans de durée. D'après Eusèbe, au contraire, il lui aurait compté 245 ans. Nous inscrivons le chiffre 213 qui est celui du papyrus du musée de Turin. En nous faisant connaître le règne double d'Ousertasen I et d'Amenemha I, les monuments nous obligent à comprendre ce dernier dans la douzième dynastie et à y compter huit rois au lieu de sept. Toutefois nous devons supposer que, d'après Manéthon, elle ne commençait qu'à dater de l'accession au trône d'Ousertasen I.

XIIIe DYNASTIE THÉBAINE.

60 Rois.   453 Ans.

Ici viennent se ranger les   SeBeK HoTeP   Avénement vers 2725.
et les   NeWeR HoTeP.

XIVe DYNASTIE XOITE.

Manéthon.   16? Rois.   184 Ans.

Cette famille est parallèle à la XIIIe dynastie pendant 153 ans ; elle règne dans la basse Égypte ; après ces cent cinquante-trois ans de parallélisme, elle succède à la dynastie thébaine ; et elle dure encore 31 ans. Ces trente et une dernières années doivent compter seules pour la chronologie comme ne faisant pas double emploi.   Avénement légitime vers 2272.

VII

XVe DYNASTIE HYKSOS.

MANÉTHON. 6 ROIS. 261 ANS.

1. Salatis........ 19   Avénement vers 2241.
2. Bæon......... 44
3. Apachnas...... 36 — 7 mois.
4. Apap......... 61
5. Janias........ 51 — 1.
6. Assis .... 49 — 2.

XVIe DYNASTIE HYKSOS.

MANÉTHON. 257 ANS. Avénement vers 1980.

Des rois pasteurs ou HYKSOS règnent encore dans la basse Égypte pendant 250 ans. A la fin de cette période la guerre éclate entre les rois égyptiens, dont la résidence est à Thèbes, et

APaPI MeRi SuTeKH, le dernier HYKSOS.

Cette guerre dure   7 ans ;

elle aboutit à l'expulsion définitive des HYKSOS dans sixième la année du règne d'AAH MeS,

518 ans

après l'élection de Salatis.

MANÉTHON.

Les chefs égyptiens qui ont pu échapper aux désastres de l'invasion des Pasteurs se sont réfugiés dans le sud de l'Égypte ; ils y séjournent pendant

344 ans ;

après quoi les princes thébains, qui sont parvenus à reconstituer un pouvoir national, fondent la

XVIIe DYNASTIE THÉBAINE

qui dure 169 ANS.   Avénement vers 1897.

Cette dynastie règne à Thèbes pendant que les HYKSOS règnent à Ha UAR ; ce nouvel ordre de choses dure 168 ans, ensuite de quoi la guerre éclate avec les étrangers dans la dernière année du règne de RA SKeNeN Si RA TAU AA. Cette guerre continue sous la

XVIIIe DYNASTIE THÉBAINE.

AAH MeS, qui en est le chef, expulse les HYKSOS dans la sixième année de son règne, 518 ans après l'invasion des Pasteurs, et 1723 ans avant J. C.

XVIIIᵉ DYNASTIE THÉBAINE.

MANÉTHON. 14 ROIS.	246 ' ANS.	
1. Amosis	25	4 mois.
2. Chébron.		
3. Aménophis	13	
4. Amessis.	20	7
5. Misaphris.	21	9
6. Méphramouthosis..	12	9
	25	10 } 48 ans.
7. Thmosis	9	8
8. Aménophis	30	10
9. Horus	36	5
10. Akenchérès.	12	1
11. Ratotis	9	
12. Akenchérès.	12	5
13. Akenchérès.	12	5
14. Armaïs	4	1

MONUMENTS.	DERNIÈRE DATE CONNUE.	
1. AAH MeS.	22ᵉ année	Avénement vers 1729.
AAH MeS NeWeR ARI son épouse, d'origine éthiopienne, règne avec son fils.		
2. AMeN HoTeP I.		
AAH MeS, fille d'Amenhotep, gouverne comme régente pour son frère et époux.		
3. THuTH MeS I.		
HAT ASU MA KA PhRA gouverne comme régente pour son frère et époux.		
4. THuTH MeS II.		
HAT ASU prend les insignes de la royauté avec le nom de MA KA PhRA. Elle règne au nom de son fils. Il y a une stèle à la date de la seizième année du double règne.		
5. THuTH MeS III s'affranchit de la tutelle de sa mère; il date son règne de la mort de son père, THuTH MeS II.	47ᵉ	
6. AMeN HoTeP II.		
7. THuTH MeS IV.	7ᵉ	
8. AMeN HoTeP III.	36ᵉ	
KHU eN ATeN		
NeTeR ATeW AÏ . . . . . . } Ces quatre rois sont illégitimes	4ᵉ de NeTeR ATeW AÏ	
AMeN TUT aNKH. } Ils ont eu leurs cartouches martelés comme usurpateurs.		
RA SAA KA KHePeRU.		
9. HOR eM HeB MeRi eN AMeN. Ce roi est le neuvième roi légitime sur toutes les séries monumentales de la dix-huitième dynastie.		

' On ne peut accepter pour cette dynastie ni les nombres d'Africain ni ceux d'Eusèbe; ils ont été exagérés l'un et l'autre par suite d'erreurs et de répétitions. Pour les durées de règne nous avons pris les chiffres donnés par Joseph. Nous n'en avons point indiqué pour Chébron qui doit être une altération du nom de la reine Newerari, mère d'Aménophis I. (Voir pour l'intelligence de ce tableau et pour la distribution des chiffres l'*histoire d'Égypte*, par M. H. Brugsch, p. 82, 83, 84, 290 et 291.)

XIXᵉ DYNASTIE THÉBAINE.

7 ROIS.	171 ANS ¼.
1. Ramessès	1 — 4 mois.
2. Sethos.	51
3. Rampsès.	66
4. Ménephtès.	20
5. Sethos II	21 Ce roi est omis dans les extraits de Manéthon.
6 Aménémes.	5
7. Thuoris.	7

MONUMENTS.	DERNIÈRE DATE CONNUE.	
1. RA MeSSU.	2ᵉ année.	Avénement vers 1485.
2. SeTI MeRi eN PTaH. Il prend, vers la fin de son règne, le nom de UeSIRI MeRI eN PTaH.	55ᵉ	
3. RA MeSeS MeRi AMeN. C'est le Sésostris des Grecs et l'Osymandias de Diodore.		
4. MeRi eN PHaH HoTeP Hi MA. C'est sous le règne de ce Pharaon qu'eut lieu l'Exode.		
5. SeTI MeRi eN PTaH II.		

6. AMeN MeSeS HiK Z'AM.

7. Si PTaH MeRi eN PTaH. KHU eN RA SoTeP eN RA et son épouse la reine TA USeR qui a plus particulièrement exercé les attributions du pouvoir. Son nom doit être le thème primitif de Thuoris.

> Deux rois illégitimes; Manéthon, qui a omis Séthos II dans sa dix-neuvième dynastie, a englobé son règne dans celui de Amenmésès qui a été probablement son prédécesseur et considéré comme usurpateur.

8. SeTI NeKHT MeRi RA MeRi AMeN. On ne connaît pas la durée de son règne; mais comme il a fait marteler les cartouches de Siphtah et de la reine Taouser et qu'il a même usurpé leur tombeau, il y a lieu de croire qu'il a compris dans son règne celui de Siphtah, qu'elle qu'en ait été la durée. Amenmésès a eu aussi ses cartouches martelés, peut-être par Séthos II. Dans son étude sur une stèle égyptienne, p. 187, M. de Rougé a développé des considérations qui seraient de nature à faire croire que les deux rois illégitimes ont précédé Séthos II.

MANÉTHON.   12 ROIS.   178¹ ANS.   MONUMENTS.   DERNIÈRE DATE CONNUE.

Pas de noms.

1. NeKHT SeTi MeRi RA MeRi AMeN, RA USeR S'AU MeRi AMeN.
      C'est le roi que nous avons inscrit à la fin de la dynastie précédente et que nous rappelons
      ici parce que les monuments le présentent souvent en rapport avec le roi suivant.

¹ Le chiffre 178 n'est pas exact. La date
calculée par M. Biot, d'après le calendrier de
Médiné Thabou, place forcément (malgré le
système allemand) l'avénement de Ramsès III
vers 1312. La date de l'avénement de Cambyse,
en 527, et les stèles des APIS font le reste et
la durée de la vingtième dynastie se trouve
portée à 190 ans.

2. RA MeSeS (III) HiK AN, RA USeR MA MeRi eN AMeN............................   26°.   Avénement en 1312 avant J. C.
3. RA MeSeS (IV) HiK MA MeRI AMeN, RA USeR MA SeTeP eN AMeN.
4. RA MeSeS (V) AMeN Ha KHoPeS' eW MeRi AMeN, RA USeR MA S KHePeR eN RA.
5. RA MeSeS (VI) AMeN Ha KHoPeS' eW NeTeR HiK AN, RA NeB MA MeRi AMeN.
6. RA MeSeS (VII) AT AMeN NeTeR HiK AN, RA USeR MA MeRi AMeN SoTeP eN RA.
7. RA MeSeS (VIII) SeT Ha KHoPeS' MeRi AMeN, RA USeR MA KHU eN AMeN.
8. RA MeSeS (IX) MA Ti MeRi AMeN, RA HiK MA SeTeP eN AMeN.
9. RA MeSeS (X) Si PTaH, S S'A eN RA MeRi AMeN.
10. RA MeSeS (XI) MeRi AMeN S'A Z'aM, RA NeWeR KA SeTeP eN RA.
11. RA MeSeS (XII) MeRi AMeN, USeR MA RA SeTeP eN RA............................   33°.
12. RA MeSeS (XIII) S'A eM Z'AM NeTeR HiK AN MeRi AMeN, RA MeN MA SeTeP eN PTaH.
13. RA MeSeS (XIV) AMeN Ha KHoPeS' eW, RA KHePeR MA SeTeP eN RA.
14. }   Deux ou trois autres RA MeSeS dont la place n'est pas déterminée. Ils ont été peut-être
15. }   réduits à l'impuissance par Pi aNKH.

16. HeNT TA et RA KA MA T (princesses héritières?).

17. ISI eN KHeB (princesse héritière).

                                                        Grands Prêtres
                                                           d'AMeN.
                                          Tentatives d'usurpation des grands prêtres
                                                           d'Amon
                                          à une époque qu'il est difficile de préciser.
                                          Ils se substituent peu à peu à
                                                l'autorité des souverains.
                                          Ces usurpations sont comprimées par
                                                    RA MeSeS XII;
                                          mais elles recommencent avec
                                                     HeR HoR,
                                          grand prêtre, chef des travaux, chef de l'armée;
                                          un peu plus tard il prend le titre
                                                  roi des deux contrées.
                                                  Il est père de
                                                     PI aNKH,
                                          grand prêtre; père de
                                                   PI NeZ'eM I,
                                          grand prêtre. (Titres royaux, d'abord
                                              sans cartouches.) Père de
                                                  RA MeN KHePeR,
                                          grand prêtre. (Cartouche royal.)
                                                    Père de
                                                   PI NeZ'eM II.

Les grands prêtres d'Amon ont fondé une dynastie qui a étouffé celle des RA MeSeS,
à partir de HeR HoR qui a usurpé toute la puissance royale. Ses descendants,
Pi NeZ'eM I et RA MeN KHePeR, ont épousé les princesses héritières du sang
des RA MeSeS; et RA MeN KHePeR, en faisant asseoir sur le trône ISI eN KHeB
avec lui, a su faire disparaître, sans doute, tous les princes qui auraient pu devenir
des prétendants à la couronne.

Toute cette distribution de la vingtième dynastie et de la série parallèle des grands prêtres d'Amon est empruntée à
M. de Rougé (*Étude sur une stèle égyptienne*, p. 184).

XXIᵉ DYNASTIE TANITE.

Manéthon. 7 Rois.	130 Ans.	Monuments.	
1. Smendès	26		Avénement vers 1122.
2. Psousennès	46		
3. Népherchérès	4		
4. Aménophtis	9		
5. Osochor	6		
6. Psinachès	9		
7. Psousénès	30		

Cette dynastie s'élève à Tanis pendant que les derniers Ramsès s'éteignent et disparaissent devant les grands prêtres qui ont usurpé le pouvoir à Thèbes. Le parallélisme s'établit probablement à l'époque de PI NeZ'eM I.

XXIIᵉ DYNASTIE BUBASTITE.

9 Rois.	120 ' Ans.	Monuments.	Dernière date connue.	
1. Sésonchis	21	1. S'eS'eNK I	22ᵉ.	Avénement vers 992.
		Grand prêtre d'AMeN; il descendait probablement des grands prêtres qui avaient supplanté les Ramsès.		
2. Osorthon	15	2. OSARKoN I.		
3.		3. HoR Pe SeB S'A.		
4. Trois rois	25	4. OSARKoN II	23ᵉ.	
5.		5. S'eS'eNK II.		
6. Takélothis	13	6. TAKeLoT I	15ᵉ.	
7.		7. OSARKoN III	11ᵉ.	
8. Trois autres rois..	42	8. S'eS'eNK III	29ᵉ.	
9.		9. TaKeLoT II	23ᵉ.	
		10. PiMAÏ	2ᵉ.	
		11. S'eS'eNK IV	37ᵉ.	

¹ Presque tous les chiffres de cette dynastie sont erronés ainsi que le total 120 ans.

La vingt-deuxième dynastie reconstituée d'après les stèles des Apis trouvées par M. Aug. Mariette au Sérapéum de Memphis comporte une durée qui dépasse 177 ans.

MANÉTHON.	4 ROIS.	89 ANS.	MONUMENTS.		
1.	Petoubastès.....	89	1. Pe Ta Si BaST.		Avénement vers 815.
2.	Osorchon.......	8	2.		
3.	Psammous......	10	3. Pe SI MUT.		
4.	Zet...........	31	4.		

XXIVᵉ DYNASTIE SAITE.

	1 ROI.	6 ANS.	MONUMENTS.	DERNIÈRE DATE CONNUE.	
1.	Bocchoris.......	6	1. BeK eN RaN eW.	6ᵉ.	Avénement vers 726.

Un Apis, mort en l'an VI de ce souverain, a été déposé au Sérapéum, dans le même caveau
qui avait servi pour l'Apis mort l'an XXXVII de S'eS'eNK IV.

XXVᵉ DYNASTIE ÉTHIOPIENNE.

	3 ROIS.	50 ANS.	MONUMENTS.	DERNIÈRE DATE CONNUE.	
1.	Sabacon........	8	1. S'A BA KA.		Avénement vers 720.
2.	Sébichos........	14	2. S'A BA Ta KA.		
3.	Tarkos........	18 '	3. Ta HaR K.	26ᵉ.	

Pendant toute la durée de cette dynastie étrangère, dont le chef fit brûler vif le roi Bocchoris, les princes indigènes ne dis-
continuèrent pas d'élever des prétentions à la royauté. D'une part, les monuments nous font voir vers cette époque les noms royaux
de KA S'A To, seigneur des deux contrées; AMeN IRI T S, la divine étoile, et de Pe aNKH I, le fils du soleil. D'un autre côté,
Manéthon nous montre en tête de la vingt-sixième dynastie les princes Stéphinatès, Nechepsos et Néchao, qui auraient régné pendant
33 ans. Il y a donc eu antagonisme entre les princes Saïtes et les Éthiopiens. Ce qui est incontestable, c'est qu'un Apis, né l'an
XXVI de Tahraka mourut le douzième mois de la vingtième année de Psamétik I. On ne saurait donc séparer la vingt-sixième dynastie,
par un grand intervalle, de la vingt-cinquième. Ce qu'on peut admettre, c'est que le temps écoulé entre la naissance et la mort d'Apis a pu
atteindre, à la rigueur, 28 ans; dans cet espace on pourrait comprendre la fin du règne de Tahraka, celui de Piankhi, qui a épousé
Ameniritis et peut-être fait brûler Néchao suivant le récit d'Hérodote, de même que la dodécharchie. Il y a tout lieu de croire
que les commencements du règne de Psamétik furent agités et difficiles; mais du moment où sa puissance fut bien établie, il
compta pour lui tout le temps de son pouvoir partagé, et probablement aussi une notable partie du règne de Piankhi.

' Ce chiffre 18, donné par Africain, est faux évidemment, puisqu'une stèle du sérapéum relate la naissance d'un Apis en l'an XXVI de
ce roi éthiopien.

XXVIe DYNASTIE SAITE.

MANÉTHON. 9 Rois.	150 Ans ¼.	MONUMENTS.	DERNIÈRE DATE CONNUE.	
1. Stephinates	7	Ces trois rois correspondent au règne		
2. Néchepscs	6	de Taharaka et probablement à celui de		
3. Néchao	20	Piankhi, époux d'Ameniritis.		
4. Psammétichus I	54	PSaMeTiK I	34e.	Avénement vers 665.
5. Néchao	6	Ne Ka U	16e.	
6. Psammétichus II	6	PSaMeTiK II	5e.	
7. Ouaphris	19	UaH HeT RA	19e.	
8. Amosis		AAH MeS Si NeiT	44e.	
9. Psamméchérités	6 mois.	PSaMeTiK III		

' La tombe des Apis, de même que les autres monuments connus de cette dynastie, établissent nettement que les six rois dont nous avons donné les noms monumentaux sont les seuls qui aient eu un règne officiel après Taharaka dont la vingt-sixième année peut être séparée de la vingt et unième de Psamétik I par un intervalle de sept ans. En accordant à Taharaka un règne de vingt-huit ans, ce qui est d'ailleurs très-vraisemblable, on aurait un interrègne de cinq ans. Mais à partir de l'avénement de Psamétik jusqu'à l'invasion de Cambyse on ne peut pas compter au delà de 138 ans ¼, et c'est le chiffre que nous adoptons pour la durée de la vingt-sixième dynastie.

XXVIIIe DYNASTIE SAITE.

1 Roi.	6 Ans.	MONUMENTS.	
		KaBA S'a.	
		M. Mariette a trouvé dans les cryptes du Sérapéum un Apis mort l'an	
		II de ce roi postérieur à Darius, puisqu'un Apis avait été manifesté l'an	
		XXXI de Darius. Les Égyptiens firent plusieurs tentatives pour secouer	
		le joug des Perses et après les essais infructueux d'Amyrtée I et de	
		Pausiris, Amyrtée II réussit à reconstituer une royauté égyptienne.	
Amyrtée II	6	AMeN RoT.	Avénement vers 404.

XXIXe DYNASTIE MENDÉSIENNE.

4 Rois.	21 Ans.	MONUMENTS.	
1. Néphérités	6	1. NAIW AA RuT.	
2. Achoris	13	2. HAKoR.	Avénement vers 398.
3. Psammouthis	1		
4. Néphérités II	4 mois.		

XXXe DYNASTIE SÉBENNITIQUE.

3 Rois.	58 Ans.	MONUMENTS.	
1. Nectanébès	18	1. NeKHT HoR HeB (MeRi OSIRI Si HaTHoR).	Avénement vers 378.
2. Téos	2	2.	
3. Nectanébès II	18	3. NeKHT NeB eW. Il se sauve en Éthiopie et abandonne l'empire à	

XXVIIe DYNASTIE PERSANE.

5 Rois.	123 Ans.		
1. Cambyse	6	Il s'empare de l'Égypte dans la troisième année de son règne chez les Perses, en 527 avant Jésus-Christ.	
2. Darius, fils d'Hystaspe.	36		
3. Xerxès I	21		
4. Artaxerxes	41		
5. Darius II	19		

Manéthon compte huit rois dans cette dynastie ; entre Xerxes et Artaxerxes il introduit Artabanos avec un règne de sept mois, puis, entre Artaxerxes et Darius II, il intercale Xerxes II avec deux mois de règne et Sogdianus avec sept mois de pouvoir. Nous avons pris les cinq rois persans du canon de Ptolémée (Claude) et nous avons omis les trois vice-rois, ce qui ne change rien pour la durée des temps.

XXXIe DYNASTIE PERSANE.

3 Rois.	9 Ans.		
1. Ochus	3	Avénement vers 340.	
2. Arogus	2		
3. Darius III	4		

ALEXANDRE ruine la domination des Perses et établit celle des Macédoniens sur l'Égypte l'an 331 avant Jésus-Christ.

RÉCAPITULATION DES DYNASTIES ÉGYPTIENNES,

en partant de l'avénement de la XXVIIe dynastie persane fixée par les stèles du Sérapéum à la troisième année de Cambyse, laquelle correspond à l'an .... 527 avant J. C.

	durée	commence vers
La XXVIe Saïte.................... dure 138 ans ½ et commence vers		665
Interrègne	5	670
XXVe Éthiopienne....................	50	720
XXIVe Saïte....................	6	726
XXIIIe Tanite....................	89	815
XXIIe Bubastite....................	177	992
XXIe Tanite....................	150	1122
XXe Thébaine....................	190	1312
XIXe Thébaine....................	171	1483
XVIIIe Thébaine....................	246	1729
XVIIe Thébaine. XVIe-XVe } HYKSOS....................	512	2241
XIVe Xoïte....................	31	2272
XIIIe Thébaine....................	453	2725
XIIe Thébaine....................	213	2938
Aménémès règne seul	8	2946
XIe Thébaine....................	43	2989
Xe Héracléopolitaine....................	185	3174
VIIIe Thébaine. IXe Héracléopolitaine....................	100	3274
VIe Memphite. (VIIe conjuration pendant 70 jours).	203	3477
Ve d'Éléphantine....................	198	3675
IVe Memphite....................	274	3949
IIIe Memphite....................	214	4163
IIe Thinite....................	302	4465
Ire Thinite....................	252	4717
	4190	
En ajoutant au total la date d'avénement de la XXVIIe.	527	
on a, pour l'avénement de Ménès, l'an....................	4717 avant J. C.